Mon ex, je te laisse partir Maintenant

Se libérer de la dépendance affective

Laura Rosucci

Mise à jour janvier 2023

ISBN : 9798543203132

Dépôt légal juillet 2021

Mise à jour de livre le 28 janvier 2023

Chers lecteurs,

Nous avons le plaisir de vous informer que notre livre a été mis à jour, le 28 janvier 2023, pour corriger des erreurs qui se sont produites et lors de la conversion de notre livre au format KDP.

Suite à une erreur qui s'est produite lors de la conversion du livre au format Kindle, des passages illisibles et des paragraphes en désordre ont été constatés. Nous nous excusons sincèrement pour tout désagrément causé par ces erreurs et nous vous assurons que cette version de notre livre est désormais complètement corrigée et enrichie avec plus de contenu important.

Nous vous remercions pour votre soutien et votre confiance en nous. N'hésitez pas à nous contacter à l'adresse rabieyou7@gmail.com si vous avez des questions ou des commentaires.

Bonne lecture !

Introduction :

Quand une personne est obsédée par son ex-petit ami ou ex-petite amie, elle se rend compte que cette personne occupe une grande place dans ses pensées, ce qui altère sa capacité d'attention consciente dans le présent. Cela réduit considérablement sa qualité de vie car son centre vital n'est plus en elle-même. Elle a placé le centre de son bonheur dans sa relation avec son partenaire. Il est difficile d'oublier une personne avec laquelle on a partagé de nombreuses expériences et qui a laissé une grande empreinte émotionnelle. Cela peut provoquer la dépendance affective et l'attachement émotionnel, et il est difficile de sortir de ces émotions négatives telles que le désespoir, l'angoisse, la peur, la tristesse, la possession, la jalousie, l'insécurité, la frustration, la solitude et la folie.

Souffrir de dépendance affective, c'est comme être entré dans une forêt enchantée et dangereuse où l'on a été ensorcelé. Il n'est pas facile de sortir de cette situation car le sortilège fait que petit à petit, on perd notre authenticité et notre façon d'être. On a l'impression de vivre pour se fondre dans l'autre et de se perdre en lui. Progressivement, on se dilue, on se délaisse et on cesse d'être soi-même en oubliant nos illusions et nos objectifs n'ont plus de force. Le problème est que si on reste dans cet état, le sort s'amplifie. Si on ne s'en échappe pas à temps, on se fatigue de plus en plus, on s'éloigne de soi et on essaie de chercher la sortie, mais on ne la trouve pas. On se rend compte alors qu'on est perdu dans la forêt enchantée de l'attachement émotionnel.

Vous savez déjà que les relations sont des systèmes complexes, où tout est lié. Si vous changez une partie de ce système, cela aura des répercussions sur le reste. Cependant, il est possible de mettre fin à une relation qui a pris fin depuis longtemps

Vous pouvez vraiment mettre fin à une relation qui a terminé depuis longtemps. "Vous pouvez laisser partir cette personne sans crainte de conséquences négatives. Au contraire, cela vous permettra de reprendre vos rêves cachés et de leur donner la priorité. Vous pouvez explorer votre intérieur sans peur, jusqu'à ce que vous retrouviez votre véritable moi. Vous pouvez être heureux de poursuivre vos objectifs, de vous sentir libre et de redevenir vous-même.

La dépendance affective est plus qu'une addiction, c'est une angoisse qui vous envahit et vous prive de liberté. Elle vous contrôle, vous possède et vous domine. C'est une bataille sans fin, même s'il y a toujours une issue. Elle peut vous détruire, vous isoler, vous corrompre et vous pousser à devenir quelqu'un que vous ne voulez pas être, à agir de manière irrationnelle et malsaine.

Souffrir de cette situation m'a fait vivre dans les ténèbres. Ressentir le désir d'être avec quelqu'un tout en voulant s'en éloigner, vouloir que la relation fonctionne alors qu'elle n'a jamais fonctionné, s'accrocher à un rêve imaginaire qui s'évanouit au moindre souffle de vent.

Lorsque j'étais atteint de dépendance affective, j'ai dû faire face à la redoutable solitude. Cela m'a causé beaucoup de douleur, m'étouffant et me torturant. Plus je redoutais la solitude, plus je m'y accrochais et plus je me sentais seul. J'ai perdu beaucoup d'amitiés pendant cette période. J'ai menti, manipulé et suis devenu la pire version de moi-même sans même m'en rendre compte. Même si je le voyais, je me sentais impuissant à faire quoi que ce soit. J'étais perdue et mon corps se détruisait jusqu'à tomber malade. En fait, j'ai encore des traces de cette triste histoire en moi.

Mais un jour, poussé par mon désespoir, mon désir de vivre, de grandir et de guérir, j'ai vu la lumière. Cette lumière m'a aidé à comprendre tout ce tissu d'émotions incohérentes et de sentiments irrationnels, un enchevêtrement toxique qui, petit à petit, me tuait. Mais j'ai vu la lumière et j'ai compris. La compréhension m'a rapproché de la sortie que j'avais tant espérée. Et quand je suis sorti, soudainement, j'ai réalisé que je pouvais voir. J'ai vu toutes ces âmes autour de moi qui avaient le même visage que moi, qui s'accrochaient à leur cœur parce qu'elles souffraient si profondément. Des âmes perdues, confuses, angoissées et apparemment folles.

C'est à ce moment-là que j'ai su. J'ai compris que c'était la pièce manquante de mon puzzle. C'était mon chemin. C'était le chemin. Et je l'ai parcouru et, en fait, je continue à le parcourir jusqu'à ce que je n'aie plus de force, car c'est ce qui donne vraiment un sens à ma vie. Aujourd'hui, je sais que je souffrais de dépendance affective. Ma solitude m'accompagne et j'admets qu'elle m'insécurise parfois, mais je n'en ai plus peur. Et si elle me fait peur, je l'affronte avec tout mon courage et quand je le fais, elle disparaît, comme par magie.

Aujourd'hui, je sais qu'avec les bons outils, nous pouvons tous apprendre à parier sur nous-mêmes et à sortir d'une dépendance toxique. Et je vous assure que plus tôt nous le ferons, mieux ce sera. Dans ce livre, je vous montre le chemin à prendre et je vous livre les solutions pratiques qui vous aideront à vaincre cette dépendance affective et à retrouver votre liberté émotionnelle.

Je vais vous aider à modifier vos fonctionnements psychiques afin qu'ils cessent de donner aux autres un pouvoir excessif et injustifié. Nous allons travailler ensemble pour atteindre les objectifs suivants:

- Une modification de l'idée que vous vous faites de vous-mêmes.
- Un changement dans l'idée que vous vous faites des autres.
- Une transformation des pensées sur les conséquences "terribles" que peut avoir la confrontation avec les autres.

Cela vous aidera à penser différemment de votre partenaire et à exprimer ce que vous ressentez sans craindre de le perdre, sachant que s'il ne partage pas ce que vous exprimez, cela ne vient pas de quelque chose de mal chez lui. Vous perdrez la peur constante d'être non autorisé ou critiqué, de vous sentir déplacé, éloigné ou abandonné par votre partenaire. Vous apprendrez à être vous-même.

La conséquence de ce changement sera de pouvoir profiter de votre propre vie. Et cela se verra dans tous les domaines de la vie de la personne touchée ou affectée.

Partie I : Moi et mon ex

Je ne peux pas m'empêcher de penser à lui

- Je Penser à lui (à elle) tout le temps ?

Après une rupture, il est difficile de ne pas penser à votre ex ou à votre amour inaccessible. C'est comme si vous aviez un fil qui vous relie encore à cette personne, même après qu'elle ait quitté votre vie. Cette pensée constante peut vous rendre fou (folle), comme si vous étiez prisonnier(ère) de votre propre esprit. Il est normal de vouloir effacer cette personne de votre mémoire le plus vite possible après la rupture.

Le problème est que lorsque nous pensons constamment à une personne qui ne nous aime pas en retour, il est tentant de tout faire pour retrouver cette relation. Nous pouvons envoyer des messages, essayer de les voir, ou même devenir obsessionnels. Cependant, ces actions désespérées peuvent être contre-productives et ne feront qu'aggraver la situation. Il faut comprendre que notre cœur est brisé et que nous devons le guérir avant de pouvoir nous débarrasser de ces pensées nostalgiques.

Cela peut signifier prendre du temps pour soi, faire des activités qui nous font du bien et entourer-se de personnes qui nous soutiennent. Il essentiel de découvrir qui nous sommes et ce que nous voulons pour améliorer nos relations à l'avenir. En prenant soin de soi, nous nous montrons à notre meilleur avantage et sommes plus prêts à rencontrer quelqu'un qui nous convient vraiment. Cependant, cela n'est pas aussi simple qu'il y paraît. Même un amour de courte durée peut être intense et laisser une impression profonde. C'est comme si une partie de vous avait été arrachée, et vous ne savez pas comment la remplacer. Et votre quotidien ressemblera à un film dramatique (cercle vicieux) qui tourne en boucle dans votre cerveau avec un monologue qui ressemble à ça :

Vous ne pouvez pas vous empêcher de penser à lui (elle). À chaque coin de rue, vous voyez quelqu'un qui lui ressemble. Vous voyez sa voiture parmi toutes celles qui circulent sur la route et vous voyez son nom partout. Parfois, vous avez l'impression que le destin a de mauvaises intentions à votre égard et vous vous sentez triste pour vous-même. Tout ce que vous voyez et entendez, vous rappelle votre ex ou votre amour inaccessible.

C'est normal de penser ainsi dans cette situation et de voir des choses que vous n'aviez pas remarquées auparavant. Il est important de se rappeler que maintenant que vous êtes dans cet état d'esprit nostalgique et concentré sur votre amour inaccessible, il est normal que vous pensiez de plus en plus à lui ou à elle. L'univers n'a pas conspiré contre vous pour que vous ne soyez pas heureux maintenant que votre ex ou votre amour est devenu inaccessible. Lorsque vous voulez vraiment quelque chose, ou dans ce cas, lorsque vous voulez reconquérir un être cher ou que vous êtes confronté à un amour inaccessible, votre concentration est simplement là. Vous êtes obsédé(e) par l'inaccessible, même s'il est insignifiant. Il peut même s'agir de simples objets. Par exemple, si vous pensez sans cesse à votre ex, c'est clair que vous avez un seul objectif en tête : le reconquérir, et pour y parvenir vous êtes prêt(e) à tout faire, même à vous humilier et piétiner votre fierté et votre estime de vous-même, en le suppliant de revenir avec vous.

Je vous explique :

Lorsque vous vous concentrez sur l'inaccessible, dans ce cas un amour inaccessible, qui peut être votre ex mais aussi quelqu'un dont vous êtes amoureux et qui ne vous rend pas votre amour, vous avez tendance à vous négliger et à vous laisser contrôler par cette autre personne. Quand vos sentiments sont forts et que vous voulez désespérément retrouver votre relation, il y a de fortes chances que vous fassiez des erreurs, que vous ne vous contrôliez plus et que vous soyez incapable de prendre les mesures que vous devriez prendre.

Vous pouvez supplier votre ex tous les jours, ou vous essayez d'attirer son attention de toutes sortes de façons. Vous pouvez dépenser beaucoup d'argent, vous pouvez même contacter sa famille, bref, vous faites tout ce que vous pouvez pour atteindre votre objectif. Et ce "tout" est souvent le contraire de ce que vous devriez faire. Mais même si vous voulez l'oublier et arrêter de penser à lui, il est important que vous preniez les bonnes mesures pour vous assurer qu'il ne hante pas votre esprit par la suite. Vous ne pouvez pas attendre passivement et dire "Je ne peux pas m'arrêter de penser à lui" ou "Je ne peux pas m'arrêter de penser à elle". Le fait est que votre chagrin d'amour est toujours là.

Pour traverser cette phase et vous débarrasser définitivement de votre chagrin d'amour, je vous invite à lire la dernière partie de ce livre « Rupture". Car ce n'est que lorsque vous aurez guéri votre cœur brisé que vous serez libéré de toutes les pensées nostalgiques qui rendent votre vie désagréable.

Pourquoi suis-je obsédé(e) par l'inaccessible?

Il peut y avoir plusieurs raisons pour lesquelles vous êtes obsédé(e) par l'inaccessible. Certaines personnes peuvent ressentir un fort désir de contrôler ou de posséder quelque chose ou quelqu'un, même si cela peut causer de la douleur ou des souffrances. D'autres peuvent avoir des difficultés à accepter la perte d'une relation importante et peuvent s'accrocher à l'espoir de la récupérer. Il peut également y avoir des problèmes de confiance en soi ou de dépendance affective qui jouent un rôle dans cette obsession.

Dans les prochains chapitres de ce livre, nous allons explorer les causes profondes de cette obsession pour l'inaccessible et découvrir des moyens de la surmonter. Cependant, avant de commencer ce voyage, il est important de comprendre une chose cruciale : pensez avant tout à vous-même. Il est essentiel de prendre soin de soi et de ses propres besoins pour pouvoir avancer dans la vie et surmonter les obstacles qui se dressent sur votre chemin. Nous allons apprendre à développer la confiance en soi, à accepter les pertes et à apprendre à vivre sans dépendance affective. Ensemble, nous allons découvrir les clés pour vous libérer de cette obsession et retrouver la paix intérieure.

Il est temps de se rappeler que vous êtes plus que cette personne. Vous êtes un être humain complet, avec des passions, des talents et des aspirations. Il est temps de vous concentrer sur vous-même et de vous rappeler que vous êtes capable de vous en sortir. Comme le dit le proverbe populaire : "L'amour est comme l'herbe, il repousse toujours plus fort après avoir été piétiné."

Alors Il est temps de prendre des mesures pour ne plus penser à cette personne.

Mon ex m'obsède : que dois-je faire ?

Depuis quelques jours ou peut-être quelques semaines, votre relation est terminée, et pourtant votre ex continue de hanter votre esprit. Son absence vous pèse, les messages qu'il envoyait, sa voix, etc. vous manquent. Vous vous demandez pourquoi vous êtes obsédé par votre ex, car même la nuit, vous ne semblez pas pouvoir vous arrêter : vous rêvez régulièrement de votre ex. Il est important de comprendre les raisons de votre obsession pour savoir comment gérer cette situation. Il est important de décider si tourner la page et passer à autre chose est la solution ou non. Nous allons vous fournir des solutions pour vous aider à surmonter votre obsession, afin que vous ne vous sentiez plus "obsédé(e) par votre ex, car vous n'arrivez pas à le/la faire sortir de votre esprit".

Pourquoi suis-je obsédé par mon ex ?

Il est compréhensible de ressentir de la difficulté à oublier une personne que l'on a aimée et avec laquelle on avait des projets d'avenir. Partager des souvenirs et des moments heureux ensemble peut rendre difficile de dissocier cette personne de ce que l'on considère comme le véritable sentiment de bonheur et de joie. Cependant, il est essentiel de se rappeler que la peur de rester célibataire ou de ne plus pouvoir aimer quelqu'un d'autre ne doit pas être la raison pour laquelle vous continuez à penser à votre ex. Il est normal d'avoir des doutes quant à la confiance que l'on peut accorder à une nouvelle personne, mais il faut se rappeler que l'on est capable d'aimer à nouveau et de construire de nouveaux projets d'avenir.

Il est normal de se poser des questions sur comment aller de l'avant et se faire confiance après une rupture de relation. Cependant, il est important de se rappeler que cette difficulté n'est pas liée à la qualité de la relation précédente, même les ruptures douloureuses peuvent venir de relations qui n'étaient pas bonnes. Beaucoup de gens ont tendance à vouloir se retirer socialement, préférant pleurer seuls plutôt que de sortir et chercher de nouvelles relations.

Il est compréhensible de ne pas vouloir entrer en contact avec les autres car on craint les questions embarrassantes, mais cela peut entraîner un comportement obsessionnel envers l'ex. Au lieu de se concentrer sur l'ex, il est préférable de passer du temps avec les amis et la famille proches qui peuvent fournir une distraction bienvenue.

Est-ce que je peux oublier mon ex ?

Avant de rencontrer votre ex, vous aviez une vision de la vie bien différente. Vous étiez peut-être entouré de amis, vous aviez une vie sociale riche et vous étiez plein d'optimisme envers la vie. Il ne fait aucun doute que c'est cette attitude positive qui a fait tomber votre ex amoureux de vous. Mais qu'est-ce qui vous empêche aujourd'hui de retrouver cette même joie de vivre ?

La situation dans laquelle vous vous trouvez est entièrement sous votre contrôle. Si vous doutez de votre bonheur passé, vous avez la possibilité de plonger dans le passé en regardant des photos qui vous rappellent des moments de bonheur. Il peut s'agir de photos avec votre ex ou de photos de vous seul avec vos amis et votre famille. Mais attention, cette démarche pourrait vous révéler des choses surprenantes sur vous-même. Une fois que vous aurez pris conscience de cela, vous pourrez vous dire de ne plus être obsédé par votre ex. Cependant, cela ne sera pas facile, il faudra du temps et de l'énergie, il faudra avancer pas à pas.

Il ne s'agit pas d'effacer complètement votre ex de votre mémoire, mais plutôt de vous imaginer un avenir où vous pourrez être heureux sans votre ex et vous concentrer sur d'autres choses. La phrase à se répéter est "Je pense à mon ex seulement quelques minutes par jour, car le reste du temps, je pense à autre chose".

Je suis toujours obsédée par mon ex et je veux que ça s'arrête!

Il est important de se rappeler que ce n'est pas votre ex en tant que personne qui vous obsède, mais plutôt la relation que vous avez partagée ensemble. Il est donc important de se concentrer sur l'oubli de cette relation plutôt que de chercher à oublier votre ex. C'est une erreur courante que la plupart des gens commettent. Il est préférable de pouvoir penser à votre ex sans ressentir de nostalgie ou de regrets, plutôt que d'essayer de faire comme s'il n'avait jamais existé. Il faut se rappeler que votre relation n'était pas parfaite et que votre ex a commis des erreurs.

Pour vous aider à tourner la page, il peut être utile de dresser une liste de toutes les choses que vous n'aimiez pas chez votre ex. Cela vous aidera à vous rappeler que vous n'avez plus besoin de vous préoccuper de ces aspects-là désormais. Il peut également être bénéfique de passer du temps avec vos proches et de vous concentrer sur votre travail, car cela vous aidera à penser à autre chose qu'à la rupture de votre relation.

En suivant ces conseils, vous devriez commencer à vous sentir plus fort et à ne plus vous dire "Je suis obsédé par mon ex parce que je pense à lui toute la journée et même la nuit". Si vous y parvenez, vous serez alors prêt à séduire à nouveau un partenaire. C'est parce que vous aurez prouvé à vous-même que vous n'êtes plus dépendant émotionnellement de votre ex. C'est seulement à partir de cette position de départ que vous pourrez entamer une nouvelle relation avec les meilleures chances de succès.

Il peut être effrayant de penser à retourner vers votre ex, car vous avez peur d'être à nouveau déçu. Cependant, les mesures que vous avez prises jusqu'à présent vous aideront à entrer dans une relation plus saine, fondée sur de nouveaux principes et de nouvelles bases. Il n'y aura pas de place pour les regrets.

Suis-je émotionnellement dépendant à mon ex ?

Généralement, après une rupture, le manque de l'autre peut être insupportable. Vous vous posez peut-être la question "suis-je émotionnellement dépendant de la personne que j'aime"? Pour vous aider à y répondre, commençons par définir ce qu'est la "dépendance affective".

La dépendance émotionnelle modifie l'autonomie.

Nous associons souvent le concept de dépendance émotionnelle à celui d'addiction, c'est-à-dire un comportement basé sur un désir récurrent qui, à un moment donné, est devenu incontrôlable, malgré la motivation de la personne à échapper à sa dépendance. La dépendance affective se caractérise par des sentiments changeants envers le partenaire. Ces sentiments peuvent varier d'un plaisir extrême à une souffrance extrême. La dépendance affective est en fait une peur de l'abandon, qui découle d'un manque d'amour de soi. Le désir d'aimer quelqu'un et d'être aimé est si grand et si important que ce manque doit être satisfait.

Vous êtes alors rapidement tenté de chercher un nouveau partenaire, qui d'une part ne vous convient pas tout à fait (vous êtes rapidement satisfait de cette autre relation, même si elle est inférieure à celle que vous aviez avec votre ex), et d'autre part ne peut pas combler ce manque. C'est comme mettre de l'argent dans une poche trouée. On peut continuer à bourrer la poche, mais tant que les trous ne seront pas fermés, tout roulera.

Le résultat de cette dépendance émotionnelle est que nous adoptons une position soumise dans nos relations. Il peut même devenir difficile de dire "non" dans ces situations. Lorsque nous sommes émotionnellement dépendants, "aimer" signifie satisfaire les désirs de l'autre personne, car nous attendons quelque chose en retour. Cependant, cette dépendance ne se manifeste pas seulement par un comportement soumis, l'autre face cachée est le désir de contrôler l'autre et de se sentir indispensable (cela se manifeste par exemple en s'impliquant dans tous les aspects de la vie de l'autre, comme l'organisation des vacances, des sorties entre amis, des finances, du ménage).

Il est important de noter qu'il existe une différence entre une dépendance plutôt saine et une dépendance excessive.

Suis-je affectivement dépendant ?

La question devrait plutôt être "qu'est-ce que ma dépendance m'empêche de faire" ou "qu'est-ce que ma dépendance m'empêche de dire" et surtout "pourquoi est-ce ainsi ?

Une certaine forme de dépendance émotionnelle mutuelle dans une relation est nécessaire et importante. Au début d'une relation, la passion et la fusion des partenaires peuvent se mélanger ("nous sommes semblables" "j'ai trouvé l'homme/la femme de ma vie") et les deux désirs peuvent être pleinement satisfaits. Cependant, à un moment donné, la relation a besoin d'espace pour évoluer vers une relation plus réaliste et plus mature. C'est le fameux "nous sommes sortis du nuage rose maintenant" lorsque nous voyons que l'autre personne ne peut plus répondre à nos attentes en raison des différences qui sont apparues (en fait, nous ne sommes pas égaux mais nous nous complétons).

La dépendance affective peut se transformer en souffrance émotionnelle lorsque nous acceptons tout de l'autre tout en nous dépréciant (par exemple, vous acceptez de votre partenaire que vous n'ayez plus le droit de voir votre famille, que vos propres désirs ne soient plus importants) parce que vous voulez être rassuré et surtout reconnu. Il est important de se rappeler la pression sociale exercée par la société, comme lorsque quelqu'un vous dit "vous n'avez toujours pas trouvé de partenaire". Cela suggère que l'on ne peut pas être heureux sans partenaire. Il est également important de prendre en compte les contes de fées typiques et les films romantiques où la passion et les relations impossibles jouent le rôle principal. Nous sommes inconsciemment conditionnés par cela.

Comment mieux aimer quelqu'un sans être affectivement dépendant?

Pour mieux aimer quelqu'un sans être affectivement dépendant, il est nécessaire de bien réfléchir à son propre rôle et à son comportement dans la relation avant d'en entamer une nouvelle. Cela peut aider à éviter les comportements déséquilibrés qui peuvent survenir dans les premières phases d'une relation. Il est fréquent que des manques d'attachement sécurisant dans l'enfance soient à l'origine de cette situation.

Il est également nécessaire de prendre du recul après une rupture amoureuse et de réfléchir à ses objectifs pour l'avenir et à ce que l'on recherche exactement dans une relation. Il est facile de tomber dans le piège de vouloir rapidement trouver un nouveau partenaire pour éviter de se sentir seul, mais cela ne résoudra pas les problèmes de dépendance affective à long terme. Il est préférable de se concentrer sur soi-même et de développer sa propre sécurité émotionnelle avant de se lancer dans une nouvelle relation.

Le secret d'une relation heureuse et équilibrée

Pour qu'une relation soit durable, il est important que les partenaires se soutiennent et s'encouragent mutuellement de manière positive. Cela implique de comprendre que l'autre ne peut pas toujours répondre à nos attentes et à nos désirs. Il s'agit donc d'apprendre à aimer la façon dont notre partenaire nous aime, même si cela ne correspond pas à ce que nous aurions souhaité.

Il est également important de faire la différence entre le véritable amour et la dépendance affective. Dans le véritable amour, nous pouvons aimer l'autre personne sans rien attendre en retour. Nous pouvons également exprimer nos véritables sentiments, garder nos propres limites et ne pas craindre les réactions de notre partenaire.

Partie II : Dépendance Affective

Relations de dépendance affective

Je suis toujours très intéressé par le sujet de la dépendance affective et émotionnelle. Il s'agit d'une forme de dépendance qui peut causer beaucoup de souffrance. Nous avons l'impression d'être "accrochés" à cette personne, même si nous sommes honnêtes et admettons que nous ne sommes pas heureux dans cette relation, il peut être difficile de s'en sortir.

Les personnes qui créent des relations de dépendance ont généralement une faible estime de soi et une faible conscience de soi. Elles ont tendance à baser leur humeur, leur valeur et leur propre image de soi sur l'opinion des autres. Elles oublient que chacun d'entre nous est un être complet et parfait, et elles font tout ou presque pour plaire à l'autre, même si cela va à l'encontre de leurs véritables désirs.

Dans la plupart des cas, la personne se sent "besoin de l'autre", sans lui, elle ne serait rien. Lorsque la relation est basée sur nos besoins, elle manque de fondations solides et ne fait qu'exacerber nos carences émotionnelles, causant des conflits et une insatisfaction permanente pour les deux personnes. Les émotions négatives telles que les peurs et la méfiance peuvent prendre le dessus, et la complicité et l'empathie si nécessaires dans une relation de couple peuvent disparaître. L'amour nous lie à l'autre, mais si nous ne sommes pas vigilants et que ce lien devient une dépendance, il finit par nous étouffer. L'énergie de l'amour elle-même cesse de circuler.

Il est essentiel de ne pas se concentrer sur l'idée de la "meilleure moitié" car cela peut entraîner une dépendance envers l'autre pour se sentir complet. Au lieu de cela, il est préférable de travailler sur soi-même pour se sentir un être complet. En se sentant ainsi, on cherche des personnes également complètes avec qui construire une relation saine, nourrissante et heureuse.

Par conséquent, si vous avez l'impression d'être dans une relation où vous tolérez des choses, des accords, des actions, des mots, etc. que vous n'approuvez pas, si vous faites des choses ou acceptez des situations que vous ne voulez pas faire ou accepter, si vous vous sentez insécure dans la relation, si vous avez l'impression d'avoir perdu votre liberté, si vous écoutez votre intuition et que celle-ci vous dit que vous ne devriez pas être là... mais que vous avez peur de changer et que vous vous dites que vous n'êtes pas capable, vous êtes probablement dans une relation de dépendance émotionnelle..

Pour sortir de cette situation, il est crucial de se reconnecter à notre estime de soi et à notre confiance en nous-mêmes. Il faut retrouver la conscience de tout le potentiel que nous avons en nous, de nos capacités et de lâcher la peur. Il est nécessaire de prendre le risque de quitter notre zone de confort pour entrer dans une zone d'apprentissage où nous pourrons découvrir que nous pouvons être heureux à nouveau. Il est important de se rappeler que nous pouvons sortir de ces relations et retrouver notre liberté. C'est ce que vous allez apprendre dans ce livre.

Amour ou dépendance ?

Pourquoi y a-t-il tant de gens qui vivent dans des relations où ils ne sont pas heureux? Pourquoi n'ont-ils aucune illusion et ressentent-ils les étapes de leur quotidien comme une lutte constante pour atteindre un seul objectif : faire fonctionner leur relation? Il est important de se poser ces questions pour comprendre pourquoi certaines personnes se retrouvent dans cette situation.

Dans ces cas, la vie perd de son poids et de son importance. Cela se produit car il n'y a qu'un seul point de focalisation pour nos yeux et notre esprit : l'autre. Tout notre temps et notre énergie sont consacrés à cette personne, laissant peu de place pour les autres aspects de notre vie. Il est important de prendre du recul et de réévaluer nos priorités pour éviter de se retrouver dans une situation où notre vie est uniquement axée sur notre relation.

"L'autre" est souvent une personne qui n'est pas acceptée ou appréciée pour sa façon d'être, de penser ou d'agir. On lui fait des reproches et on a des attentes élevées envers lui, comme être plus affectueux, faire plus attention à nous, nous écouter, être plus communicatif, arrêter certaines actions, partager davantage et peut-être même avoir des valeurs similaires. Cependant, il est probable que ces attentes ne soient pas réalisées.

"N'est-ce pas injuste de maintenir une relation avec une personne que nous n'acceptons pas, que nous n'aimons pas vraiment et que nous exigeons constamment de changer, en lui demandant d'être comme nous le voulons ? Arrêter d'être soi-même ne semble-t-il pas injuste ?" Cependant, il peut être difficile de réaliser que c'est ce que nous faisons, avec notre vie et avec notre partenaire. Il est important de prendre conscience de ces comportements et de réfléchir à la façon de les changer pour avoir des relations saines et épanouissantes. Nous avançons pas à pas dans notre quotidien, sans réaliser que nous ne vivons pas pleinement. Nous sommes coincés dans une impasse, obsédés par l'autre et espérant que les choses changent un jour. Nous croyons et proclamons haut et fort que ce que nous ressentons est un amour immense pour l'autre, et que nous l'aimons tellement... mais cela devient notre excuse pour ne pas abandonner et arrêter de se battre.

Je peux vous assurer que lorsque l'on vit dans une relation de ce type, ce que l'on ressent n'est pas de l'amour mais de la dépendance.

Dans la plupart des cas de dépendance affective, il existe une autre caractéristique très commune : la violence psychologique. La personne qui souffre de cette dépendance à l'autre commence à accepter des choses, des transactions, des actions... qui, en raison de ses valeurs, de ses croyances et de sa personnalité, elle n'accepterait normalement pas. Cependant, elle le fait généralement par peur de perdre l'autre. Elle a peur que l'autre se sente déçu et l'abandonne. Ainsi, elle permet de plus en plus jusqu'à ce qu'elle arrive à un moment où elle ne se connaît même plus. Elle ne sait plus qui elle est vraiment, mais elle sait clairement qu'elle n'est pas comme ça.

Le plus dur dans une situation de mécontentement en amour est de réaliser que malgré le fait de ne pas être heureux, de ne pas aimer cette personne ou de ne pas la voir comme l'idéal, l'idée même de se séparer ou de quitter cette relation peut être terrifiante. Il peut être difficile d'imaginer une vie sans cette personne. Cependant, en écoutant notre voix intérieure et en nous connectant à nos besoins, nous pouvons réaliser que nous avons besoin de changement et que cette situation ne peut pas continuer éternellement. Nous devons nous rendre compte que cette étape est essentielle pour pouvoir avancer et améliorer les choses. Il est important de se rappeler que les relations sont des systèmes et que lorsque nous apportons un changement à l'un des éléments, cela impacte l'ensemble de la relation.

Bien que cela puisse sembler difficile, il est possible de changer les choses et de s'épanouir dans une relation amoureuse. Il est possible de mettre fin à une relation qui est terminée depuis un certain temps.

- Il est possible de lâcher prise sur cette personne sans que cela ait des conséquences négatives. Au contraire, cela peut même être bénéfique. Il est possible de recommencer à zéro, de retrouver ses rêves cachés et de leur donner la priorité.
- Il est possible de se regarder soi-même en face sans peur et de continuer à le faire jusqu'à ce que l'on se retrouve.
- Il est possible d'être heureux en marchant vers ses objectifs, de se sentir libre et de redevenir soi-même.

Attachement ou Amour ?

La dépendance est souvent liée au besoin, tandis que l'amour est lié à la liberté. Il est possible de remarquer que certaines personnes ont plus de facilité à apporter des changements dans leur vie, tandis que d'autres éprouvent plus de difficultés. Par exemple, certaines personnes peuvent facilement se séparer de vêtements qu'elles n'utilisent plus pour gagner de l'espace et acheter de nouveaux articles, tandis que d'autres préfèrent accumuler des pièces, jusqu'à ce qu'elles aient une collection de nombreuses saisons, même si elles portent toujours les mêmes choses. Pourquoi ces différences d'attitudes ?

Il y a également des personnes qui ne sont pas satisfaites de leur travail, car il ne contribue pas beaucoup à leur épanouissement, elles n'aiment pas ce qu'elles font ou cela ne correspond pas à leurs aspirations. Pourtant, au lieu de changer de travail, elles continuent à rester dans cette situation pendant des années, en étant malheureuses. Pourquoi ne prennent-elles pas la décision de changer de travail ?

Il y a des gens qui se retrouvent dans des relations où ils ne se sentent pas bien, mais malgré cela, ils développent un attachement intense à l'autre personne et éprouvent une incapacité à rompre ce lien affectif, même s'ils savent que la relation est malsaine et brisée. Même si cette relation limite clairement leur propre développement personnel ou va à l'encontre de leurs valeurs et principes fondamentaux, ils ne parviennent pas à se détacher de cette personne.

En observant notre entourage, nous pouvons voir de nombreux couples qui vivent quotidiennement une relation toxique, qui se font du mal mutuellement, qui ne sont pas heureux, mais qui restent ensemble malgré tout. Ils ne parviennent pas à se libérer l'un de l'autre. La personne qui se retrouve dans ce genre de relation passe tellement de temps avec l'autre qu'elle en oublie de prendre soin d'elle-même, de ses passions, de ses aspirations, et même de qui elle est réellement. Elle fait passer tout cela au second plan, dans le seul but de ne pas perdre l'autre, de ne pas le voir partir.

Mais pourquoi faisons-nous cela ?

Pourquoi êtes-vous toujours dans cette situation? Pourquoi n'en sortez-vous pas? Qu'est-ce qui vous empêche de prendre une décision? Il est vrai que lorsqu'il y a des enfants impliqués, la situation est plus complexe, mais cela ne rend pas la décision moins nécessaire. En fait, je pense qu'il est encore plus important de prendre une décision lorsqu'il y a des enfants, car sinon, notre malheur sera visible pour eux et cela leur causera encore plus de douleur que si nous mettions fin à la relation. Cependant, s'il n'y a pas d'enfants, pourquoi ne pas prendre la décision de partir? La réponse que j'entends souvent est : "Parce que je l'aime." Et je me demande pourquoi nous aimons nous tromper nous-mêmes? Pourquoi sommes-nous si déconnectés de nos vrais sentiments? J'aimerais savoir ce que vous en pensez. Pourquoi, malgré le fait de ne pas être heureux, de ne pas se sentir épanoui, ne partons-nous pas? Est-ce par peur, insécurité ou nécessité ?

Il est important de répondre à cette question et de comprendre ce qui vous empêche de réagir. Nous devons traverser tout notre processus de "décrochage" jusqu'au bout. Cela inclura des hauts et des bas, de la mélancolie, des besoins intenses, des rechutes et l'étouffement causé par le besoin. Il faut savoir que cela sera difficile, mais il n'y a pas d'autre solution pour récupérer. Il ne faut pas oublier que pour atteindre ce point de liberté, il faut avoir de la volonté, du raisonnement et de la conscience. C'est en ayant ces qualités que nous pourrons sortir du tunnel et retrouver une paix intérieure. Une fois que nous avons atteint ce point, nous pouvons alors commencer à penser à une nouvelle relation avec une personne de notre choix. Cependant, il est important de rappeler que pour que cette relation soit saine, il faut avoir fait le processus de réflexion et de développement personnel correctement. En ayant une claire compréhension de ce que nous voulons et des valeurs que nous recherchons chez l'autre personne, nous pouvons nous assurer de continuer à être authentiques et de ne pas accepter des comportements ou des actions qui ne sont pas en accord avec nos valeurs.

C'est qui cache derrière la dépendance affective ?

Je dis toujours que la dépendance affective est l'une des addictions les plus courantes chez les êtres humains. Elle est à l'origine de douleur, d'impuissance, de frustration et de malheur, c'est pour cette raison que j'ai décidé de m'y spécialiser.

Bien que, lorsqu'on en est victime, il semble qu'il soit impossible de s'en sortir, CE N'EST PAS LE CAS. Il est possible de s'en sortir, il ne faut jamais l'oublier.

Lorsqu'on est dépendant d'une chose, cette dépendance nous prive de liberté. On cesse d'être libre car on a besoin de cette chose pour se sentir bien, être calme, et être en paix. Bien que cette chose soit nocive, et que nous le sachions parfaitement, elle est plus forte que nous. Nous perdons notre capacité à décider, à exprimer nos limites, et à dire non.

Savoir dire non lorsque c'est ce que l'on ressent est l'un des piliers les plus importants de l'estime de soi. Lorsque nous souffrons en silence dans une relation de dépendance affective, nous perdons cette capacité, et nous acceptons ce que l'autre dit ou décide, même si cela nous rend tristes. Cette tristesse est précisément due au fait que nous ne nous permettons pas d'être nous-mêmes, de nous exprimer et de nous montrer sans peur.

La peur est l'une des émotions les plus pesantes lorsqu'il s'agit de dépendance affective. La peur de ne pas aimer l'autre, de préférer quelqu'un d'autre, d'être trompé, de ne pas suffire ou d'échouer, tout cela peut conduire à *la peur de l'abandon* et de la perte de cette personne dont on a besoin comme de l'air que l'on respire.

Cependant, notre intuition, notre partie la plus sage, nous dit de réagir, d'être nous-mêmes et de ne pas avoir besoin de quelqu'un pour être heureux. Nous pouvons nous montrer sans peur, mais il arrive que nous ne suivions pas cette voix intérieure.

33

Les personnes souffrant de dépendance affective le savent (que cela soit admis ou non). Parfois, la peur ressentie est si grande qu'elle empêche d'accepter la réalité. Il est alors préférable de continuer à souffrir plutôt que de prendre une décision qui entraînera des larmes. Cependant, cette attitude est une erreur car abandonner sa liberté, sa véritable personnalité et son bonheur est toujours une erreur. Nous avons tous la capacité de surmonter les situations les plus douloureuses et coûteuses. Il suffit de :

- Être conscient de ce qui se passe
- Avoir le désir de changement.

Il faut souvent beaucoup de courage pour faire un changement majeur dans notre vie. Cependant, cette force et cette capacité sont présentes chez tout le monde, que l'on croie ou non en nos propres capacités. Il est important de ne pas oublier que les changements sont des opportunités, des possibilités de croissance, de renouveau, de franchissement de nouvelles étapes et de responsabilisation.

Il est possible que nous ne réalisions pas l'importance de cette vie que nous avons. Nous avons l'opportunité de réaliser tout ce que nous voulons, de découvrir jusqu'où nous pouvons aller, de prendre plaisir à faire ce que nous aimons, de nous rendre heureux, de rencontrer des gens extraordinaires, d'expérimenter et surtout de vivre librement et sans avoir besoin de personne. Nous pouvons choisir de partager notre vie avec une personne qui améliore nos journées, mais il est important de se rappeler que nous ne dépendons pas d'elle et que nous ne renoncerons jamais à être nous-mêmes.

Pourquoi êtes-vous toujours là ?

Au cours d'une de mes nombreuses nuits passées à pleurer en silence sur un côté du lit, je me suis rendu compte avec une grande lucidité que je n'aimais plus mon partenaire. Cependant, l'idée de le quitter me remplissait d'angoisse. Je me sentais comme si je me noyais et que j'étais paralysée. Mes jambes ne pouvaient plus bouger et une immense impuissance me faisait pleurer encore plus de désespoir. Comme chaque nuit, je me disais que je devrais apprendre à l'accepter tel qu'il était, à l'aimer, puisque de toute façon, je devais rendre grâce de l'avoir.

Les personnes qui souffrent de dépendance affective se reconnaîtront sûrement dans cette situation. Elles peuvent la vivre depuis des années, qu'elles soient mariées, en couple ou célibataires, avec ou sans enfants. Il faut se rendre compte que nous ne sommes pas seuls dans cette situation. Souvent, nous ne nous rendons même pas compte que nous sommes dans une telle situation, car cela devient notre mode de vie habituel et nous le considérons comme normal.

Depuis combien de temps renoncez-vous à être heureux ? Depuis combien de temps avez-vous des nuits agitées ou des cauchemars? Depuis combien de temps prenez-vous des médicaments pour calmer la douleur et la tristesse que vous ressentez dans votre cœur? Ce n'est pas la solution. Pour de nombreux médecins, c'est malheureusement le moyen le plus rapide, mais couvrir la plaie ne la guérit pas. Si vous la couvrez sans en prendre soin efficacement, elle ne pourra pas guérir, et pourra même s'infecter davantage. Il vous semblera que vous ne l'entendez pas, mais la plaie sera toujours là, vous ne pourrez pas la guérir. Pour guérir les blessures de l'âme et du cœur, il faut les parler. Il n'y a pas d'autre moyen. Dans une situation de dépendance affective, il est nécessaire de prendre conscience et d'admettre que des changements sont nécessaires dans notre vie. Nous devons prendre des décisions, réaliser que nous sommes responsables de nos vies et agir en conséquence

🔸 Certaines croyances nous empêchent généralement de prendre ces décisions de changement :

Certaines croyances peuvent nous empêcher de prendre des décisions de changement dans nos relations amoureuses. Par exemple, la croyance selon laquelle le mariage est pour la vie peut nous empêcher de prendre en considération l'éventualité d'une séparation ou d'un divorce, même si cela pourrait être la meilleure chose pour nous. Il faut comprendre que les sentiments et les circonstances peuvent changer au fil du temps, et qu'il n'est pas possible de jurer que nos sentiments ne changeront pas.

De même, la croyance selon laquelle la séparation ou le divorce équivaut à un échec peut nous empêcher de prendre des décisions importantes pour notre bien-être. Il est primordial de se rappeler qu'il n'y a rien de glorieux à rester dans une relation qui ne fonctionne pas et dans laquelle il n'y a pas d'amour. Il est préférable de chercher à être heureux et à être en paix avec soi-même. Il faut aussi se rappeler que personne ne peut jurer de rester amoureux de quelqu'un pour toujours. Les situations, les problèmes et les défis peuvent changer au fil du temps et il est important de ne pas se sentir coupable si nos sentiments évoluent.

Il peut également être difficile de quitter quelqu'un par peur de lui faire du mal ou de ressentir de la culpabilité. Cependant, il faut aussi comprendre que rester dans une relation qui ne fonctionne pas n'est pas mieux pour l'autre personne ni pour nous-mêmes. Il est préférable de chercher à être heureux et à être en paix avec soi-même.

Enfin, il ne faut pas se laisser empêcher de quitter quelqu'un par peur de ne pas trouver quelqu'un d'autre avec les mêmes qualités. Il faut se rappeler qu'il y a des millions de personnes dans le monde et qu'il est possible de trouver quelqu'un qui nous convient. Il ne faut pas se laisser empêcher de prendre des décisions importantes pour notre bien-être par la peur de l'inconnu. Ce sont quelques-unes des croyances les plus courantes qui nous maintiennent liés à une relation addictive avec notre partenaire, mais il y en a bien d'autres. Ces croyances ont toutes quelque chose en commun : elles sont complètement absurdes. Il faut les reconnaître et de les accepter pour pouvoir passer à l'action. Il est clair que si nous continuons à rester avec notre partenaire, nous ne serons jamais heureux. Nous pouvons nous forcer à l'accepter, à l'aimer tel qu'il est et à comprendre pourquoi il nous traite ainsi, mais cela ne changera rien à notre dépendance affective envers cette personne.

La première étape pour sortir de cette situation est de prendre conscience de notre dépendance envers notre partenaire. Nous ne savons peut-être pas exactement quand nous avons cessé d'être nous-mêmes, mais ce qui est important c'est de réaliser que nous ne le sommes plus aujourd'hui. Notre potentiel, notre joie et nos illusions sont enfouis en nous et ils crient pour sortir. Notre intuition ne nous trompe jamais. Si nous l'écoutons, nous saurons quoi faire. Il est possible que nous ayons besoin d'aide thérapeutique pour gérer notre dépendance affective. Il ne faut pas écouter les personnes qui nous conseillent de ne pas quitter la relation.

Il est clair que quitter une relation de dépendance peut être difficile et coûteux, mais c'est nécessaire pour notre bien-être et pour construire un avenir plein de possibilités. Il est important d'être très clair sur le fait qu'un changement est indispensable pour nous.

DEVEZ-VOUS OU VOULEZ-VOUS ?

Je peux vous assurer qu'il y a bien plus de personnes qui souffrent d'un attachement émotionnel à leur partenaire qu'on ne l'imagine. Le premier signe que cette personne est dépendante est qu'elle pense ou dit : "Je sais que je dois le quitter, mais je ne peux pas." Pour une personne qui n'a jamais ressenti la peur terrifiante que génère la dépendance, cela peut sembler absurde. On pourrait penser que si cette personne veut quitter son partenaire, elle doit simplement le faire. Mais la réalité est que c'est plus compliqué. Même dans les cas les plus extrêmes où une personne subit des abus psychologiques, comme être manquée de respect, se faire moquer, se faire humilier, se faire tromper, ou encore voir que l'autre ne l'aime pas, il peut être difficile de quitter cette personne. Il est important de noter que ces abus peuvent être observés par les comportements de l'autre, plutôt que par ce qu'il dit.

Notre cerveau est complexe. Pour simplifier, on pourrait dire qu'il y a une partie de notre cerveau, la plus rationnelle, qui observe ce qui se passe et nous dit : "Qu'est-ce que tu fais encore ici ? Pourquoi n'es-tu pas encore parti ? Ne vois-tu pas tout ce qu'il t'a fait, et tout cela, et tout cela ?" C'est cette partie du cerveau qui comprend ce qui se passe et qui, logiquement, donne des instructions au corps pour qu'il parte. La difficulté vient de la partie du cerveau responsable de la dépendance. Cette partie ressent un besoin de l'autre personne et craint de la perdre, même si cela est irrationnel. Pour surmonter cela, il faut prendre conscience de cette partie irrationnelle en nous et de l'analyser. En réalité, cette dépendance peut ne pas apporter grand-chose de positif dans notre vie. Il est nécessaire de se demander pourquoi nous restons dans cette situation.

Vous devez être clair sur la différence entre dire :

- *« Je sais que je dois arrêter mais je ne peux pas. »*
Ou dire

- *Je veux arrêter mais je ne peux pas*

Il faut comprendre et savoir faire la distinction entre "savoir qu'on doit arrêter" et "vouloir arrêter". Si l'on sait qu'on doit arrêter, il faut également décider si l'on en a réellement envie. Une fois que l'on a décidé de vouloir sortir d'une situation qui nous fait souffrir, il est important de retrouver notre estime de soi pour avoir la force et le courage de surmonter l'anxiété, les pensées addictives et le besoin de revenir en arrière. Seulement ainsi, nous pourrons retrouver notre liberté et vivre notre vie avec espoir, joie et être connectés à notre pouvoir à tout moment.

Les causes de la dépendance affective en amour !

La dépendance affective envers le partenaire est définie comme un modèle de besoin d'attachement et un lien toxique avec une autre personne. Les caractéristiques de la dépendance affective incluent la jalousie, l'insécurité et même des comportements agressifs. Cependant, il est important de noter que la dépendance affective peut avoir différentes causes, telles que des troubles de l'attachement ou des traumatismes émotionnels antérieurs.

Quand nous sommes encore jeunes filles, on nous raconte des histoires de princesses et de princes qui doivent nous sauver. Pendant ce temps, les enfants sont éduqués à refouler leurs émotions et à devenir des "hommes forts et courageux" à l'avenir. Ne serait-il pas merveilleux s'il n'y avait pas besoin de princesses à sauver ou de princes qui doivent réprimer leurs émotions pour paraître plus forts ?

Quant à l'amour romantique, ce type d'amour qui est très en vogue en ce moment, a introduit dans notre société une série de valeurs déformées sur l'amour. Il est caractérisé par la dépendance, la subordination et l'obéissance au sein de la relation."

Noter que la dépendance affective peut avoir différentes causes, telles que des troubles de l'attachement ou des traumatismes émotionnels antérieurs.

Les causes de la dépendance affective.

Les causes peuvent être diverses. Tout d'abord, les problèmes vécus durant l'enfance peuvent laisser des blessures émotionnelles qui influencent notre qualité de vie à l'âge adulte. Ces expériences peuvent également avoir un impact considérable sur la façon dont nous gérons l'adversité à l'avenir. Les différents types d'attachement durant l'enfance et l'adolescence peuvent également grandement influencer l'apparition de schémas de dépendance affective.

La personnalité, le niveau d'estime de soi et les facteurs sociaux peuvent également avoir une influence importante sur l'apparition de la dépendance affective. En résumé, les principales causes de dépendance affective peuvent inclure les expériences de l'enfance, les schémas d'attachement, la personnalité, l'estime de soi et les facteurs sociaux.

1. **Attachement insécurisant dans l'enfance :** Un style d'attachement insécurisant dans lequel les figures parentales ne favorisent pas les liens familiaux peut être l'une des raisons pour lesquelles une personne peut développer une dépendance affective au fil des ans. Par exemple un enfant qui grandit dans un environnement où ses besoins émotionnels ne sont pas satisfaits peut développer une dépendance affective plus tard dans la vie.

2. **Faible niveau d'estime de soi :** La faible estime de soi est l'une des principales causes de la dépendance affective. Lorsque nous ne nous sentons pas en sécurité, nous recherchons souvent un lien pour nous fournir l'estime de soi et l'affection dont nous avons besoin. Dans ce cas, nous devenons complètement dépendants d'un autre individu. Les personnes qui ont une faible estime de soi peuvent chercher des liens pour combler leur besoin d'affection et d'amour.

3. **Troubles mentaux ou personnalités instables :** La présence de troubles mentaux ou de troubles de la personnalité peut augmenter le risque de développer une dépendance affective. Les dynamiques de comportement malsaines entre deux personnes peuvent conduire à un lien toxique et dépendant. Les personnes qui ont des troubles mentaux ou des troubles de la personnalité sont plus à risque de développer une dépendance affective.

4. Relations traumatisantes passées : Après avoir quitté une relation toxique ou abusive, il est normal d'éprouver des séquelles psychologiques telles que la peur ou l'insécurité émotionnelle. Certaines de ces conséquences ne deviennent évidentes qu'une fois que l'on se lance dans une nouvelle relation, comme la dépendance affective. Les personnes qui ont vécu des relations toxiques ou abusives peuvent souffrir de séquelles psychologiques qui peuvent causer une dépendance affective dans les relations futures.

5. L'amour romantique : Une autre des principales causes de dépendance au couple et de relations toxiques est l'influence des mythes de l'amour romantique. Quand on est enfant, on établit une manière hiérarchique de voir les relations. Dans l'amour romantique, la femme est souvent présentée comme un individu subalterne, faible et dépendant de l'homme. Ces mythes de l'amour romantique peuvent donner lieu à des types de relations qui sont difficiles à expliquer selon la théorie triangulaire de Sternberg (1988), comme les "relations toxiques". Ces types de relations peuvent créer une "addiction" pour les personnes impliquées, les rendant incapables de mettre fin à la relation. Parfois, cela est dû à la peur de l'abandon ou de la perte, et il peut être difficile d'accepter la rupture. L'amour romantique est un type d'amour qui se produit principalement dans les cultures occidentales. Il est lié à la culture et par conséquent, il n'est ni universel ni constant. Ce type d'amour est souvent considéré comme l'amour idéalisé de chacun, avec une valeur exaltée, pure, universelle, éternelle et irrationnelle qui dépasse toutes les barrières et qui est considéré comme la manière unique de trouver un partenaire stable et de fonder une famille.

Pour ces raisons, ce type d'amour, ou plutôt la dépendance affective en particulier, est devenu un sujet très pertinent pour la psychologie.

Depuis notre naissance, nous apprenons à aimer, nous apprenons ce que nous attendons d'un partenaire, et en accompagnant ces apprentissages, une "pincée" de dépendance affective peut transformer ces sentiments en des attachements imparfaits. Cette dépendance affective qui transforme nos sentiments est un besoin extrême et malsain que l'on ressent envers une autre personne, tout au long de nos relations.

Les Mythes qui favorisent la dépendance affective !

Les personnes ayant une dépendance affective se sentent souvent incomplètes et insatisfaites. Pour elles, des mythes tels que "la meilleure moitié", "le prince charmant", etc., régissent leur vie amoureuse. Ensuite, nous allons définir les principaux mythes qui favorisent la codépendance.

1. **Le mythe de la meilleure moitié :** Le mythe de la meilleure moitié met l'accent sur la recherche d'un idéal plutôt que sur la rencontre réelle. Il soutient l'idée qu'il n'y a qu'une seule personne qui convient parfaitement à chacun. Chercher chez l'autre ce qui manque en soi, c'est avoir l'illusion qu'un partenaire peut sauver notre vie. Bien sûr, il existe des couples complémentaires qui nourrissent la relation amoureuse et équilibrent la vie de tous les jours. Cependant, l'achèvement ne doit pas être confondu avec le complément. Il s'agit de trouver quelqu'un qui nous apporte des enrichissements et non pas de chercher quelqu'un pour combler nos manques. En fin de compte, tous les êtres humains naissent seuls et meurent seuls. Partager du temps avec une personne qui nous enrichit et nous respecte est une grande chance, à condition que chacun préserve son indépendance et son autonomie. Nous ne devons pas oublier que la plus grande partie de notre vie est couverte par nous-mêmes.

2. **Mythe du « tout le monde devra trouver quelqu'un ».** Ce mythe peut affecter les personnes en leur donnant l'impression qu'elles doivent constamment chercher une personne qui "devrait" les accompagner dans la vie. Il est important de se rappeler que vous pouvez rencontrer de nombreuses personnes au cours de votre vie, mais cela ne signifie pas nécessairement que vous devez vous engager dans une relation avec chacune d'entre elles. Chacun mène sa vie

comme il le souhaite et il n'y a pas de garantie qu'une relation se développera.

3. **Mythe du « coup de foudre »** "Quand je trouverai l'amour de ma vie, je le reconnaîtrai au premier regard." est encore un grand mythe. Il est important de se rappeler que ce genre de scénario n'arrive que dans les films. Il est plus probable que vous développiez des sentiments pour quelqu'un au fil du temps, comme c'est le cas avec un ami proche que vous n'avez pas reconnu immédiatement.

4. **Mythe du "prince charmant"** . Quelles sont nos chances de trouver la personne parfaite pour partager notre vie ? Et comment pouvons-nous espérer passer le reste de notre existence avec elle, si nous avons cette chance ? Pour moi, les chances sont pratiquement nulles. Il n'y a pas de personnes parfaites, encore moins de personnes parfaites pour nous accompagner dans ce voyage qu'est la vie. Il y a des gens qui nous aident à grandir et qui marchent à nos côtés, main dans la main. L'idée démodée des princes et princesses est probablement nourrie par les contes de fées pour enfants, où une princesse belle, vertueuse, compréhensive et accommodante finit toujours heureuse et comblée dans les bras d'un prince beau, noble, fort et courageux, qui après avoir risqué sa vie à de nombreuses reprises, que ce soit contre des sorciers et des sorcières maléfiques qui incarnent l'envie et la méchanceté, finit par l'épouser.

Ce mythe nous fait tomber dans l'erreur de rechercher l'être parfait, idéal, ce qui entraîne souvent de la tristesse et de la déception.

Les mensonges qui alimentent l'engagement affectif

1. **"Je suis sûr que si je fais un effort, je lui donne tout ce qu'il demande et j'ai de la patience, un jour ça changera"** : Cette phrase montre que l'on croit que notre effort et notre patience seront récompensés par des changements positifs dans la relation. Cependant, il est nécessaire de comprendre que les relations ne fonctionnent pas toujours de cette manière et que l'effort et la patience ne garantissent pas nécessairement des résultats positifs.

2. **"Et si après tout ça je me suis battu pour la relation, ça change et quelqu'un d'autre en profite"** : Cette phrase montre que l'on croit que notre lutte pour la relation est vouée à l'échec et que quelqu'un d'autre en profitera. Mais, les relations ne sont pas un jeu de compétition et que nous ne sommes pas responsables des actions et des choix des autres.

3. **"Je suis sûr que je ne trouverai jamais quelqu'un comme ça"** : Cette phrase montre que l'on croit que notre partenaire actuel est irremplaçable et que nous ne trouverons jamais quelqu'un d'aussi parfait. Cependant, il ne faut pas oublier que personne n'est parfait et que nous méritons de trouver quelqu'un qui nous convient vraiment.

Analysons-les un par un :

1. **Croire que cela va changer :** Si avec tout le temps qui s'est écoulé, cela n'a pas changé, qu'est-ce qui nous fait penser que maintenant cela changera ? Il est important de ne pas se bercer d'illusions et de prendre en compte la réalité de la situation. Si une personne ne change pas malgré le temps qui passe, il est peu probable qu'elle change à l'avenir sans une aide extérieure. Il est donc important de ne

pas se fier aux promesses de changement non accompagnées d'actions concrètes.

2. **Penser qu'ils vont changer et que leur prochain partenaire appréciera cette transformation :** Il est important de ne pas se faire d'illusions en pensant que les efforts et les souffrances passées auront un jour un impact sur la personne. Il est également important de ne pas espérer que cette personne change pour un prochain partenaire, car il est probable qu'elle reproduira les mêmes schémas de relation. Le changement ne se produit que si la personne est consciente du problème et a une volonté réelle de le résoudre.

3. **Penser que je ne retrouverai plus jamais quelqu'un comme lui:** Il est important de ne pas se focaliser sur le passé et de ne pas se dire qu'on ne retrouvera jamais quelqu'un comme l'ancien partenaire. Il est préférable de se concentrer sur les aspects positifs de la situation et de chercher une personne qui correspond à nos valeurs et à notre façon de fonctionner. Il est important de ne pas se mettre la pression de trouver une personne similaire, mais plutôt de se concentrer sur les aspects positifs de la situation.

En résumé, ces phrases courantes qui sont prononcées lorsque nous sommes dans une relation de dépendance affective sont des croyances irrationnelles qui ne font rien de plus qu'encourager l'autotromperie et l'engagement émotionnel. Il est important de les remettre en question et de se rappeler que les relations ne fonctionnent pas toujours comme nous l'espérons.

Qu'est-ce qui caractérise la dépendance affective ?

La dépendance affective est caractérisée par une peur excessive de la solitude. Les personnes qui en souffrent sont horrifiées par l'idée d'être seules et ont peur de la solitude. Cette peur les pousse à chercher rapidement de nouvelles relations après une rupture. En conséquence, les personnes atteintes de dépendance affective sont incapables de vivre et de profiter de leur vie de manière indépendante. Elles ont besoin de vivre et de profiter de la présence d'autres personnes pour se sentir en sécurité et heureuses.

Symptômes de dépendance affective

- Les personnes ayant une dépendance affective ont souvent du mal à prendre le temps de se remettre d'une rupture, ce qui peut entraîner des relations inadaptées et les exposer aux mêmes erreurs qui ont conduit à la rupture précédente.

- En outre, les personnes ayant une dépendance affective ont besoin d'un accès constant à la personne dont elles dépendent, ce qui se traduit souvent par un désir de contrôle sur la vie de l'autre.

- La peur excessive d'être seul ou seule pousse la personne ayant une dépendance affective à subordonner ses attentes et ses projets à ceux de la personne dont elle dépend. Elle met alors tout en œuvre pour plaire à cette personne, car elle croit qu'ainsi, elle restera à ses côtés.

- • Pour la personne en situation de dépendance affective, la vie n'a aucun sens sans son partenaire, elle se sent "obligée" d'être avec l'autre. Ainsi, l'amour est vécu comme un besoin vital.

Généralement, nous partageons tous nos acquis avec les autres, mais en cas de dépendance affective, l'approbation de l'autre est indispensable pour donner une valeur à ces acquis.

- Dans le tableau de la dépendance affective, on peut observer une idéalisation excessive du couple, qui nie les défauts de l'autre et planifie un avenir avec cette personne. Il est important de se libérer de cette idéalisation pour pouvoir progresser vers l'indépendance affective.

Comment savoir si je suis dépendant affectif ?

Trop souvent, nous confondons amour sain et dépendance. Quand on parle "d'aimer trop", on ne parle pas d'amour véritable. "Trop aimer" n'existe pas en réalité. Lorsque nous utilisons cette expression, cela signifie en réalité que nous permettons des choses (au nom de l'amour) qui ne devraient jamais être tolérées. Ce que nous appelons "trop aimer" est en réalité un amour déformé, incompris, nocif et toxique. Au lieu de nous renforcer et de nous aider à grandir, il ne fait que nous détruire.

Analysez si vous vous sentez identifié avec les quatre caractéristiques suivantes :

- **Panique de rupture :** lorsque l'on a une dépendance affective, on se sent absolument incapable de rompre avec l'autre et de se retrouver seul. La simple idée d'être seul peut nous causer de la panique. Par exemple : un individu qui a une dépendance affective envers son partenaire peut ressentir de la panique à l'idée de rompre avec cette personne. Il peut avoir des pensées telles que "je ne pourrais jamais vivre sans elle" ou "je ne sais pas comment je vais m'en sortir sans lui".

- **La non-acceptation de l'autre** : lorsqu'il y a une dépendance affective, on a souvent l'impression que l'autre devrait changer une caractéristique fondamentale pour nous, afin que nous puissions être heureux avec lui. Nous avons tendance à exiger que l'autre change ou soit comme nous le voulons, car si cela ne se produit pas, nous ne sommes pas à l'aise. Par exemple : il peut vouloir que son partenaire soit plus sociable alors qu'il est plutôt introverti, ou qu'il veuille qu'il change sa profession pour une qu'il trouve plus prestigieuse.

- **Isolement social :** lorsqu'il y a une dépendance affective, tout tourne autour de l'autre, et cela peut entraîner l'isolement des amis, des activités et des personnes avec lesquelles on passait du temps auparavant. Cela peut être dangereux, car si la relation se termine, nous pourrions nous retrouver complètement seuls. Par exemple, un individu qui a une dépendance affective peut devenir de plus en plus isolé socialement, en mettant de côté ses amis et ses activités pour passer tout son temps avec son partenaire. Il peut annuler des plans avec des amis ou ne plus participer à des activités qu'il aimait auparavant, car il ne veut pas être éloigné de son partenaire.

- **L'incompréhension des autres** : lorsque l'on vit une dépendance affective, il peut sembler que personne ne nous comprend, ni pourquoi nous ne pouvons pas mettre fin à la relation. Cette relation peut sembler absurde et irrationnelle pour les personnes extérieures, mais pour celui qui la vit, elle peut être perçue comme la chose la plus importante et précieuse de sa vie. Par exemple, un individu qui a une dépendance affective peut se sentir incompris par les personnes extérieures à sa relation. Il peut avoir des pensées telles que "ils ne comprennent pas pourquoi je reste avec lui, mais c'est l'amour de ma vie" ou "ils ne comprennent pas à quel point cette relation est importante pour moi".

Comment savoir si je suis dans une relation toxique?

Voulez-vous savoir si vous êtes dans une relation toxique ? Il y a un certain nombre de symptômes qui indiquent clairement que nous ne sommes pas avec la bonne personne. Cette situation se produit lorsque le lien affectif que nous avons établi nous fait plus ou moins mal. Cela peut être dû à des sentiments d'anxiété ou des sentiments négatifs, ou à l'effort énorme que nous devons faire pour que la relation fonctionne.

La relation peut également réduire notre estime de soi, nous faisant penser que nous ne sommes pas assez bons ou que nous ne sommes pas à la hauteur de la tâche. De plus, la relation peut ne pas correspondre à ce que nous voulons vraiment, et nous pouvons ne pas être sur la même longueur d'onde que notre partenaire.

En somme, nous parlons d'une relation toxique lorsque la personne dans cette relation souffre à cause du type de lien qu'elle a avec son partenaire et auquel elle s'accroche, même s'il ne correspond pas du tout à ce qu'elle veut vraiment. Ensuite, je vous présente un décalogue des SYMPTÔMES LES PLUS FRÉQUENTS DES RELATIONS TOXIQUES afin que vous puissiez les identifier plus facilement.

•   Des doutes sur le fait d'être avec la bonne personne. Parfois, vous êtes clair que non et d'autres fois, vous êtes oui et vous avez pleinement confiance que vous ferez fonctionner la relation.
•   L'un ou les deux membres du couple se sentent incapables de vivre sans l'autre, ils ne peuvent pas imaginer leur vie sans cette personne à leurs côtés.
•   La relation se basant sur le besoin de l'autre.
•   Il y a beaucoup d'aspects et de caractéristiques de l'autre que vous n'aimez pas et vous exigez qu'ils changent pour que vous soyez bien à leurs côtés. Vous n'acceptez pas l'autre à 100%.

- Les mêmes conflits se répètent encore et encore et vous vivez avec un sentiment de fatigue à chaque fois que vous vous retrouvez coincé dans la même chose.

- Il n'y a pas de bonne communication, ce qui permet de parler et de discuter de ces points de désaccord pour parvenir à un consensus qui aide à avancer. De plus, l'un des deux a le sentiment qu'il ne peut pas parler à l'autre, qu'il ne prend pas sa part de responsabilité.

- Il y a eu des ruptures et des rapprochements répétés, malgré le fait qu'en aucun cas un réel changement n'est observé, ou s'il y en a, il ne suffit pas.

- L'un des deux estime que le pouvoir de la relation appartient à l'autre personne et que c'est toujours lui qui est disponible.

- Ceux qui vous aiment ne comprennent pas pourquoi vous êtes toujours en couple si tant de choses sont incohérentes et irrationnelles et que cela ne devrait pas arriver dans une relation. Cela signifie qu'à de nombreuses reprises, vous choisissez de ne rien expliquer d'autre parce que vous savez ce qu'ils vont vous dire...

- Vous vous êtes peut-être isolé de vos amis, vous avez perdu votre vitalité et vous vous sentez de plus en plus mal, mais vous ne savez pas comment sortir de cette situation.

Test : souffrez-vous de dépendance affective ?

On me demande souvent si la dépendance affective peut être surmontée. Je sais de première main que cela peut être extrêmement douloureux et qu'il peut sembler impossible de se libérer de cette emprise toxique qui vous détruit. Cependant, je peux vous assurer que OUI, c'est possible. Ce n'est pas facile, mais cela en vaut vraiment la peine. Parvenir à surmonter cela signifie retrouver sa vie, son équilibre et son bonheur. En d'autres termes, votre liberté et votre indépendance affective. Il est nécessaire de comprendre que lorsqu'il y a une dépendance affective, il n'y a pas réellement d'amour. Cette dépendance crée plutôt un besoin irrationnel de l'autre personne et empêche de mettre fin à la relation lorsque cela est nécessaire. Il est donc important de reconnaître les situations qui peuvent entraîner une telle dépendance affective.

Lorsque vous avez une relation qui n'est plus basée sur l'amour mais dans laquelle il n'y a que du chagrin, vous ne voulez pas l'accepter et vous vous trompez en pensant qu'à la fin vous y arriverez ; quand pour que cela ne finisse pas, on s'adapte à ce que l'autre veut ou désire, et avec cela on se perd ; et en cas de violence physique ou psychologique.

Si vous n'êtes toujours pas sûr qu'il s'agisse de votre cas particulier, faites ce test en répondant par OUI ou NON :

- Les personnes proches de vous se demandent pourquoi vous restez en couple avec votre partenaire.
- Vous ressentez le besoin de cacher certains comportements de votre partenaire et vous avez peut-être trahi ou menti pour les protéger.
- Vous vous isolez de plus en plus de vos amis et de votre famille.
- Vous avez l'impression de vous perdre et de ne plus vous reconnaître.

- Vous souffrez de maux physiques liés au stress et à l'anxiété causés par cette relation (migraines, problèmes digestifs, problèmes de peau, etc.).
- Vous ressentez les signes d'une dépression : perte d'intérêt pour les activités quotidiennes, manque de plaisir dans votre vie, variations de poids, insomnie, sentiment que rien n'a de valeur, fatigue physique, difficultés de concentration et de mémoire.
- Vous avez l'impression de renier vos valeurs et croyances fondamentales pour rester dans cette relation.
- Il y a eu des situations où vous vous êtes sentie en danger physique.
- Vous avez l'impression de devenir fou (foule) à cause de l'incertitude sur ce qui est normal et ce qui ne l'est pas.
- Vous prenez des décisions par peur, culpabilité ou tristesse.

Si vous avez répondu oui à plus de deux questions, il est probable que vous soyez dans une relation toxique. Il est recommandé de prendre des mesures pour en sortir. Choisir la mauvaise personne peut causer beaucoup de malheur. Il est temps de vous aimer et de vous libérer de cette relation qui vous hante.

Comment SE PASSE-T-IL VRAIMENT ?

- Pourquoi y a-t-il tant de femmes et d'hommes qui ont des relations amoureuses difficiles ? Est-ce que cela est dû à l'éducation reçue, à leur culture, ou simplement à leur insécurité et leur faible estime de soi ?
- Pourquoi tant de couples souffrent-ils de dépendance affective ? Pourquoi restent-ils ensemble s'ils ne s'aiment plus ? Pourquoi y a-t-il tant de tromperies dans les relations ? Est-ce par peur d'être seul ou de ne pas trouver quelqu'un d'autre ?
- Pourquoi tant de femmes traitent-elles mal leur mari ?
- Pourquoi certaines femmes se retrouvent-elles radiées de la vie de leurs enfants et sans personnalité ? Comment est-il possible qu'on leur interdise de voir leurs enfants, en les accusant à tort d'actes monstrueux, même si cela peut causer de graves dommages à leur développement ?
- Pourquoi certaines femmes se retrouvent-elles sans rien et privées de leurs droits les plus fondamentaux, simplement parce que leur amour s'est épuisé et qu'elles ont choisi quelqu'un d'autre ?

Pour moi, il n'y a pas de différence entre les hommes et les femmes lorsqu'il s'agit de vouloir du mal à soi-même ou à l'autre. Il peut être difficile de se retrouver coincé dans une relation malsaine qui nous épuise émotionnellement. Nous pleurons souvent sans savoir pourquoi et nous nous laissons manipuler, perdant notre jugement et notre autonomie. Nous avons l'impression de ne plus exister sans l'autre et notre identité se dilue. Il peut y avoir des moments où nous ressentons que quelque chose ne va pas, mais nous finissons par demander pardon après avoir essayé de l'exprimer. L'autre prend alors le contrôle, nous manipulant et changeant la perspective des faits, malgré un pincement de douleur qui nous blesse en silence. Nous renonçons à nous-mêmes pour éviter un conflit et préserver une apparente harmonie.

Il arrive que certaines personnes choisissent des relations de couple intermittentes et des amours clandestines en se basant sur une mélodie de fond qui résonne comme : "Je ne veux m'engager avec personne". Cependant, elles croient toujours qu'à la fin de ces amourettes secrètes, il y aura un coup de foudre ou un attachement fort. Mais finalement, elles se retrouvent à chanter une autre mélodie comme "Je vais la (le) quitter, tu es avec qui je veux être", même si ce jour ne vient jamais.

Il est fréquent que des femmes ou des hommes deviennent soumis et complaisants dans leur relation amoureuse. Ils perdent de vue leurs propres sentiments et s'adaptent aux besoins de leur partenaire, oubliant qui ils sont réellement. Ces personnes qui étaient autrefois fortes et confiantes, oublient leur propre pouvoir en se convainquant de leur vulnérabilité pour poursuivre leur relation. Malgré cela, elles continuent d'endurer une relation qui ne correspond pas à ce qu'elles recherchaient réellement. Ces personnes renoncent à elles-mêmes, à ce qu'elles aiment chez les autres, à ce qu'elles admirent et à ce qui les épanouit pour rester avec une personne qui ne correspond pas à leurs aspirations. Il est courant qu'elles disent "en vérité, je ne sais pas ce que je vois en lui/elle car il ne me correspond pas. Je ne l'aime même pas physiquement. Il s'agit d'amours qui ne sont appréciées par presque personne, mais que nous voulons malgré tout porter sur notre dos, en dépit de la souffrance que cela implique.

À ces occasions, il est important de se rappeler que si l'on se laisse aimer de manière dépendante, cela peut être dû à un manque d'estime de soi. Il est donc crucial de consacrer du temps à renforcer notre propre estime de nous-mêmes. Pour cela, il est important de s'observer attentivement et de mettre notre propre bien-être en priorité.

Acceptez-vous l'amour que vous pensez mériter?

Pour commencer ce sujet, je voudrais vous poser les questions suivantes en guise de réflexion :

- Comment est votre relation avec vous-même ? Aimez-vous vous ? Acceptez-vous vous ?

- Quelle énergie la relation que vous entretenez en ce moment avec votre partenaire génère-t-elle en vous ?

- Sentez-vous qu'avec votre partenaire, vous renoncez à votre pouvoir personnel ?

- À votre avis, quel genre de personnes conviendraient à votre vie ? Correspond-il au profil de votre partenaire actuel ?

Si votre réponse est non à l'une de ces questions, il est important de se demander pourquoi vous êtes toujours dans cette relation. Ces questions sont importantes à se poser pour savoir si nous sommes ou non avec la bonne personne pour nous.

Il est dit que nous acceptons l'amour que nous croyons mériter. Je suis entièrement d'accord avec cette affirmation. Si nous avons une bonne estime de nous-mêmes, c'est-à-dire une bonne image de nous et une bonne opinion de nous, nous refuserons toute personne qui chercherait à nous rabaisser ou à nous faire nous sentir inférieurs à ce que nous pensons être. Nous penserons que nous méritons de trouver quelqu'un qui nous apprécie vraiment, car pour nous, il n'y a pas d'autre vérité.

D'autre part, lorsque notre estime de nous est faible et que nous nous sous-estimons, nous aurons peur de ne pas être choisis, de ne pas trouver quelqu'un qui veuille être avec nous (en raison de notre faible valeur). C'est alors que nous nous accrocherons au premier qui montrera de l'intérêt pour nous. Nous n'accorderons pas d'importance à savoir si cette personne nous offre un amour sain ou toxique, s'il nous aime honnêtement et en toute transparence ou s'il est en couple avec nous uniquement pour s'amuser ou pour avoir quelqu'un à maltraiter. C'est dans ces cas-là que nous développons une dépendance affective.

Lorsque nous sommes pris dans les griffes de l'attachement forcé et de la perte de dignité, cela signifie que nous avons vendu le contrôle de notre propre vie à quelqu'un d'autre et que nous nous contentons d'aumônes affectueuses et d'une spirale de tristesse, d'autotromperie et de frustration. La dépendance affective est ce qui fait que même si nous répondons aux questions que nous nous posons et que nous voyons que nous ne sommes pas la personne que nous voulons être, nous nous sentons incapables de partir et de faire face à notre propre solitude, le vaste vide qui se produit lorsque nous sommes confrontés à un besoin malade qui traverse tous les pores de notre peau.

Pour cette raison, je crois que c'est vrai que nous acceptons l'amour que nous croyons mériter. Peut-être pas consciemment, mais si nous faisons un travail intérieur et que nous nous observons, nous verrons qu'il en est ainsi. Celui qui pense qu'il mérite plus ira chercher plus car s'il ne le fait pas, il se sentira profondément insatisfait et malheureux. Celui qui se satisfait de quelque chose de mauvais, c'est parce qu'il croit que c'est le maximum auquel il peut aspirer et qu'il se résigne. Cependant, je n'aime pas cette idée de se résigner, car je la comprends comme "rester avec quelque chose qui ne nous plaît pas, dans les cas où il est possible de le changer et d'obtenir ce que nous voulons vraiment".

Le cercle vicieux des abus psychologiques.

Parfois, je me demande dans quelle mesure l'esprit humain est capable de tenir sans "perdre son axe"? Quelle est notre limite? A quel moment dit-on "assez"? Pour moi, le mélange le plus dur, le plus difficile et le plus destructeur qui puisse exister dans une relation, c'est lorsqu'il y a une dépendance affective combinée à un abus psychologique. Il est possible de souffrir de dépendance émotionnelle, même si l'on n'accepte pas l'autre personne tel qu'elle est, en se plaignant constamment de sa façon de se comporter ou en exigeant qu'elle change. Cependant, cela peut être une personne qui nous traite bien, qui ne nous manque pas de respect et qui ne nous enlève pas nos principes et valeurs les plus importants. En revanche, lorsque nous souffrons de dépendance affective envers une personne qui nous maltraite psychologiquement, cela peut se révéler être un véritable enfer pour nous.

QUE SE PASSE-T-IL VRAIMENT ?

- Premièrement, nous nous sommes "habitués" à un traitement irrespectueux de la part de cette personne. Cela inclut des insultes constantes, des dégradations et des humiliations. Nous avons fini par considérer cela comme "normal" et avons oublié comment c'est de se faire traiter avec respect, tendresse et gentillesse.

- Deuxièmement, les gens de l'extérieur ne peuvent pas comprendre notre situation car ils ne voient pas ou ne connaissent pas cette personne qui nous fait nous sentir absolument seuls. Nous ne pouvons pas parler de notre situation à presque n'importe qui, car ils pourraient même mettre en doute notre santé mentale ou notre capacité à juger.

- Troisièmement, si quelqu'un de l'extérieur qui nous aime (un parent, un ami, etc.) se rend compte de ce qui se passe, il nous incitera fermement à quitter cette personne et à sortir de cette situation le plus rapidement possible avec ce qu'il nous reste de dignité.

- Enfin, si nous cédons à la dépendance affective et retournons vers cette personne, il est probable que les personnes qui nous aiment et qui nous ont aidés à nous en sortir ne comprendront pas notre choix. Nous-mêmes ne comprendrons pas comment nous avons pu retourner vers une personne qui nous a fait du mal. Il est fréquent que, lorsque nous cédons à cette personne, nous nous sentions mal et nous nous demandions pourquoi nous avons fait cela, comme si notre esprit était manipulé par une personne malveillante. Il est important de se rappeler de ne pas écouter les mots de cette personne mais plutôt de regarder comment elle se comporte avec nous.

Eh bien, voilà la réponse. Notre esprit n'a pas de limites, mais heureusement, nous avons un grand allié : la RAISON. Selon moi, c'est la seule chose qui peut nous aider à lâcher prise, à résister fermement, à ne pas reculer, à décider de quitter l'enfer avec détermination... et il faut se rappeler qu'une rechute n'est pas la fin non plus, on ne perd pas tout le chemin parcouru. C'est simplement un autre chapitre qui confirme que nous devons nous libérer le plus rapidement possible.

Pourquoi supportez-vous l'infidélité ?

Je pense que beaucoup de gens vont se reconnaître dans ces lignes. Ce n'est pas toujours de la dépendance émotionnelle, il y a des infidélités de la part de celui qui détient le pouvoir affectif (celui qui n'est pas dépendant), mais cela arrive malheureusement très souvent.

QU'EST-CE QUI SE PASSE ?

Il est possible que notre partenaire, à qui nous sommes émotionnellement attachés, ne nous aime pas malgré ce qu'il dit. Nous pouvons commencer à remarquer des faits clairs et évidents qui indiquent qu'il n'est pas sincère. Comme je le dis toujours, il est important de garder les yeux et les oreilles ouverts pour voir ce qui se passe réellement. Si vous vous retrouvez dans l'une des situations suivantes, il est probable que votre partenaire ne vous aime pas .

Il arrive que certains jours, la personne que vous aimez, "disparaisse" et ne réponde pas à vos appels. Vous ne savez pas où elle est. Quand elle réapparaît, elle ne donne pas beaucoup d'explications ou des arguments qui n'ont pas beaucoup de consistance. Lorsque vous l'interrogez et lui demandez de vous expliquer son comportement, elle vous répond qu'elle n'aime pas qu'on discute et qu'elle ne veut plus penser à cela. Elle ne vous présente pas à tous ses amis et ne partage pas certaines choses avec vous ou ne vous laisse pas y accéder.

La dépendance affective en lien avec l'infidélité de partenaires.

Lorsque nous sommes dépendants affectivement, nous sommes souvent prêts à accepter l'infidélité de notre partenaire, ce qui peut entraîner une perte progressive de notre dignité et de notre estime de soi. Cela peut également rendre difficile la prise de décision de quitter cette relation. Par exemple, une personne qui est dépendante affectivement peut connaître la personne avec qui son partenaire est infidèle, mais malgré cela, elle reste dans la relation en espérant que son partenaire va changer ou montrer son amour. Cependant, comme il est difficile de comprendre les véritables sentiments d'une personne en quelques années, il est important de prendre en compte les signes de la dépendance affective et de prendre des mesures pour s'en sortir. Il est également important de noter que la dépendance affective peut entraîner une perte de liberté et d'énergie dans notre vie quotidienne, ainsi qu'une perte de vitalité, de joie de vivre et d'illusions. Il peut également causer des problèmes tels que l'isolement social, l'anxiété, le désespoir et un manque d'estime de soi.

En conclusion, il est essentiel de prendre la responsabilité de nos vies, de demander de l'aide si nécessaire et de croire en nous-mêmes pour s'en sortir de la dépendance affective et de la situation d'infidélité. Il est primordial de prendre des mesures pour retrouver notre liberté et notre estime de soi.

Vous devez vous retrouver !

La plupart de vos plaintes et de vos comportements révèlent un sentiment de désespoir dans le cas où vous vous trouvez dans une relation qui ne vous donne pas ce que vous voulez vraiment. Cela se produit souvent parce que nous entrons dans une relation sans savoir ce que nous recherchons chez l'autre personne. Nous les laissons nous "choisir" et nous sommes déjà heureux juste parce que quelqu'un nous remarque. Le problème survient dans le cas où les aspects les plus désagréables de l'autre personne commence à se manifester et que nous n'y faisons pas face. Si nous ne fixons pas de limites et ne clarifions pas les choses dès le début, il sera peut-être trop tard pour réparer.

Un jour, vous vous regardez dans le miroir et vous vous poses des questions :

- Qui étais-je avant ?
- Étais-je heureux (se)?
- Avais-je d'autres activités et pensées en dehors de mon partenaire ?
- Pourquoi suis-je dans cette relation ?
- Pourquoi ne peux-je pas la quitter ?
- Pourquoi suis-je paralysé(se) quand j'essaye de le faire ?
- Pourquoi supplie-je mon partenaire de me reprendre chaque fois que je pars, car je ne peux pas vivre sans lui ?

Et puis vous vous rendez compte que vous vous êtes perdu.

La dépendance affective est un phénomène difficile. Cependant, il est important de comprendre que nous devrons tous un jour ou l'autre atteindre un point de non-retour. Parfois, nous nous réveillons de cette situation de manière spontanée. D'autres fois, nous sommes tellement épuisés que nous n'avons plus d'autre choix que de réagir. Il est crucial, lorsque nous décidons de sortir de cette situation, de faire un travail de thérapie pour comprendre les raisons de cette dépendance et pour renforcer les peurs qui se cachent derrière elle. Cela nous aidera à éviter de reproduire une situation similaire. Il est essentiel de retrouver notre véritable identité, nos valeurs fondamentales et de faire des choses qui nous plaisent en compagnie de personnes qui nous font nous sentir libres et authentiques. Il faut accepter la réalité telle qu'elle est et de ne plus jamais permettre à quiconque de remettre en question notre dignité.

Je vais clore ce chapitre avec un extrait de Walter Riso, qui, à mon avis, est l'un des plus authentiques de ses enseignements. Il dévoile la réalité la plus douloureuse de manière claire et franche, sans masques ni voiles, en noir et blanc, comme elle doit être présentée:

« Pourquoi continuons-nous à être dans une relation malsaine alors que nous savons que la personne ne nous aime pas ? Attendre qu'ils nous aiment peut être l'une des expériences les plus humiliantes et tristes. Des phrases telles que "Il ne me serre plus dans ses bras, il ne se soucie plus de moi" ou "Je ne me suis jamais vraiment senti aimé ou aimé" peuvent être fréquentes. Mais pourquoi attendre cela ? Mendier l'amour est la pire des indigences car ce qui est en jeu, c'est notre propre personne. Si l'autre, celui qui est au-dessus, accepte de faire l'aumône, il ne nous mérite pas.

Dans une relation, qui détient le pouvoir ? Ce n'est pas celui qui est le plus fort ou celui qui a le plus d'argent, mais plutôt celui qui a le moins besoin de l'autre. Si votre partenaire peut se passer de vous plus facilement que vous ne pouvez vous passer de lui, il est important de rééquilibrer la situation. Une personne honnête ne resterait jamais avec quelqu'un qu'elle n'aime pas simplement pour bénéficier de certains avantages, tels que le confort, l'argent ou la compagnie. Si votre partenaire ne vous aime pas, cela ne peut pas être négocié. Que pourriez-vous négocier s'il n'y a pas de sentiment, d'envie ou de désir ? Parfois, les conseils donnés peuvent être décevants. Parfois, la dure réalité ou la douleur du désespoir peut nous libérer d'un avenir incommode. Si un ange venait à vous dire que votre partenaire ne pourrait jamais vous aimer comme vous le souhaitez, continueriez-vous à maintenir cette relation ?

Il est clair pour moi que si quelqu'un hésite ou doute de ses sentiments envers moi, il ne m'aime pas. Les phrases telles que "Laissez-moi un peu de temps", "Laissez-moi y réfléchir" ou "Je ne suis pas sûr" sont des excuses ou des mensonges. S'il est évident qu'ils ne vous aiment pas et que vous êtes toujours là, à attendre une résurrection amoureuse et prêt à répondre à toute insinuation, vous vous êtes dépassé. Vous êtes maintenant de l'autre côté. Si votre sentiment d'insatisfaction émotionnelle persiste malgré vos justes revendications, vous avez résolu le problème. Il n'y a aucun doute : ils ne vous aiment pas, et quelqu'un doit partir. »

Partie III : Vaincre la dépendance affective

La dépendance émotionnelle signifie que l'on a besoin de "quelque chose" de l'extérieur pour se sentir bien et à l'aise. Par exemple, l'on peut avoir besoin de certaines substances telles que le chocolat, l'alcool ou les drogues pour réduire une sensation de douleur. Il est également possible d'être dépendant de la télévision, des dépenses ou des jeux d'argent pour combler un vide intérieur.

La dépendance affective découle généralement d'un besoin profond de reconnaissance chez les personnes. Les personnes souffrant de dépendance affective ont tendance à se perdre dans une relation et à mettre leur bonheur et leur bien-être entre les mains de leur partenaire. Elles se sentent en sécurité et aimés tant que leur partenaire leur montre de l'affection. Pour obtenir toujours plus de preuves d'amour, Elles révèlent de plus en plus d'elles-mêmes à l'autre personne. Cependant, cela peut perturber l'équilibre de la relation, car les preuves d'amour finissent par diminuer et le partenaire ne peut pas répondre aux attentes croissantes.

Le désir d'appartenance est l'un des principaux besoins humains. Il en va de même pour le besoin d'appréciation. Nous voulons être appréciés, nous voulons être aimés. Si nous sommes aimés, nous nous sentons en sécurité. Si nous sommes appréciés, nous nous sentons forts. Mais lorsque nous laissons notre sentiment de sécurité et d'estime de soi aux autres, nous rendons le monde extérieur responsable de quelque chose dont nous devrions en fait prendre soin nous-mêmes. En outre, il est probable que le monde extérieur ne vous donnera jamais en permanence ce dont vous avez besoin, si tant est qu'il vous le donne.

Que pouvez-vous faire pour surmonter votre dépendance émotionnelle ?

Tout d'abord, il est important de réaliser que nos sentiments proviennent de nos propres pensées, de ce que nous croyons et de notre propre comportement. Nous devons accepter que nos sentiments ne sont pas causés par les autres ou par des circonstances extérieures. Parfois, les gens veulent penser que c'est le cas, mais il est souvent difficile d'en faire l'expérience, et encore moins d'agir en conséquence. Cependant, une fois que nous comprenons et acceptons ces trois niveaux - le niveau de la pensée, le niveau de l'expérience et le niveau de l'application - et que nous reconnaissons que nos émotions viennent de nous plutôt que d'être causées par quelqu'un d'autre, nous pouvons alors commencer à assumer la responsabilité de nos propres sentiments.

⤋ **"Je suis digne d'amour".**

Supposons que quelqu'un qui compte beaucoup pour vous soit en colère contre vous. Si vous êtes émotionnellement dépendant, vous vous sentirez rejeté et vous supposera que ce sentiment de rejet provient de la colère de l'autre personne. En plus de vous sentir rejeté, vous pourriez également vous sentir blessé, effrayé, inadéquat ou honteux. Vous pourriez même être en colère contre vous-même. En tant que personne souffrant de dépendance affective, vous pourriez faire un effort supplémentaire pour prouver à l'autre que vous êtes digne de son amour. Vous faites cela principalement pour vous sentir mieux vous-même et pour être capable de vous rassurer: "Je suis digne d'amour".

Ceux qui sont émotionnellement indépendants réagiront très différemment à la colère de leur partenaire. La première chose à faire est de se rappeler que la colère de l'autre personne n'a rien à voir avec vous personnellement. Il se peut que l'autre personne ait mal à la tête ou qu'elle traverse une mauvaise passe et qu'elle s'en prenne à vous parce que vous êtes là. Ou peut-être que cette autre personne se sent inadéquate et essaie de se sentir mieux et plus forte en vous faisant sentir mal. Quelle que soit la raison de la colère de l'autre personne, vous ne devez pas la prendre personnellement. Vous ne pouvez pas influencer les sentiments et le comportement d'une autre personne, car tout comme vous êtes responsable de vos propres sentiments et de votre propre comportement, l'autre personne l'est aussi.

↓ Geste d'invitation.

Au lieu de vous sentir malheureux ou inférieur, ou au lieu de vous mettre en colère, vous pourriez faire appel à votre empathie. Vous pourriez dire quelque chose comme : "Je ne suis pas heureux de votre accès de colère, mais j'aimerais comprendre pourquoi vous êtes si contrarié. Voulez-vous m'en parler ?" Souvent, un tel geste d'invitation suffit à calmer l'autre personne. Cependant, il arrive que quelqu'un se mette encore plus en colère. Dans ce cas, vous pourriez aller un peu plus loin et dire : "Je n'ai pas besoin de votre colère. Quand vous serez prêt à en parler, vous pourrez me le faire savoir. Je vais faire autre chose en attendant." Les personnes indépendantes sur le plan émotionnel se retirent de la situation plutôt que d'essayer de changer le comportement de l'autre personne.

Lorsque vous vous retirez de la situation de conflit, il faut prendre le temps d'examiner vos propres émotions. Il est possible que vous vous sentiez abandonné ou triste suite à l'attaque verbale ou physique de l'autre personne. Cependant, il est important de se rappeler que ces sentiments sont les vôtres et ne sont pas causés par l'autre personne. Prenez la responsabilité de vos propres émotions et ne les dissimulez pas ou ne les attribuez pas à l'autre personne. Il est nécessaire de comprendre d'où viennent ces émotions pour pouvoir les laisser partir et retrouver un sentiment de sécurité et d'amour.

Plus vous prenez conscience que vos émotions vous appartiennent exclusivement et proviennent de votre propre monde intérieur, plus vous devenez fort et indépendant. L'autonomie émotionnelle vous permet d'être libre pour donner et recevoir de l'amour et de l'appréciation de manière saine.

Croire que cela va changer !

Croire que les choses vont changer est un facteur qui peut nous pousser à entrer dans des relations qui sont finalement toxiques pour nous. Au début d'une relation, il est compréhensible de penser que notre partenaire pourrait améliorer certaines choses de sa façon de vivre ou de travailler, car nous ne le connaissons pas encore très bien. Cependant, il est surprenant de voir des couples qui sont ensemble depuis des années et où l'un des deux continue à croire que l'autre va changer radicalement. Attendre un miracle pour sauver notre relation n'est pas réaliste, car les miracles n'existent pas.

Il est irrationnel de croire que notre partenaire va changer, surtout si nous prenons de la distance pour observer la situation. Malheureusement, cela arrive souvent dans les relations : nous nous accrochons à l'idée que le changement que nous espérions au début de la relation finira par arriver. Nous n'avons aucune certitude, mais nous y croyons quand même. Parfois, nous même nous persuadons de voir des améliorations qui n'existent pas réellement.

QUAND CELA SE PASSE-T-IL ?

Lorsque nous nous retrouvons piégés dans des relations où il y a une dépendance affective et que nous espérons que l'autre change, cela se produit généralement de deux manières :

• L'autre nous promet qu'il va changer. Il peut nous le promettre à travers des larmes, en criant ou calmement, mais il est important de ne pas se fier uniquement à ses paroles. Il est important de "se boucher les oreilles et de REGARDER" pour voir s'il tient vraiment ses promesses. Même si l'autre promet de faire des changements pour améliorer la relation, si après deux mois, rien n'a changé, cela signifie qu'il ne tiendra probablement pas ses promesses. Il est donc important de se concentrer sur les actions de l'autre plutôt que sur ses paroles.

• L'autre nous dit qu'il est comme ça et qu'il ne changera pas. Il peut y avoir des cas où l'autre n'est pas conscient d'avoir un comportement problématique, mais il le fait clairement comprendre lorsqu'il nous parle. Cependant, nous pouvons encore espérer qu'il changera malgré cela. Il est important de prendre en compte cette réalité et de ne pas se mettre dans une situation où nous espérons un changement qui ne viendra pas.

Pour que le changement ait lieu :

Il est clair que les êtres humains peuvent changer. Les gens changent, contrairement à ce que beaucoup pensent. Cependant, pour que le changement ait lieu, deux exigences essentielles sont nécessaires:

- **Être conscient de ce qui doit être changé**. Il est important de réaliser que ce comportement ou ce mode de fonctionnement ne nous profite pas, nous blesse ou nous isole des autres. Nous devons également être clair sur le fait que nous ne voulons pas continuer comme cela, pas seulement parce que les autres nous le disent, mais parce que nous le ressentons personnellement.
- **Passer à l'action.** L'indication la plus claire d'une volonté de changement est lorsque quelqu'un demande de l'aide. En faisant cela, nous admettons que nous avons besoin de ce changement et que si nous ne l'avons pas fait jusqu'à présent, c'est parce que c'est trop difficile pour nous seuls. Parfois, même les gens qui nous aiment ne peuvent pas nous aider à y parvenir. Demander de l'aide, c'est passer à l'action, c'est commencer à avancer dans la bonne direction. Même avec ou sans aide professionnelle, il est important de voir que l'autre

personne fait quelque chose. Lorsque vous promettez un changement et que nous ne voyons rien se produire, nous devons immédiatement cesser de vous croire.

Si nous sommes avec une personne depuis des années et peu importe combien nous avons discuté de quelque chose, nous n'avons vu aucune différence, il n'a pas de sens de continuer à espérer la voir un jour. C'est stupide.

> "Celui qui désire changer, peut le faire. Il n'est pas nécessaire d'attendre l'été ou Noël pour cela, il suffit de passer à l'action."

Celui qui ne fait pas quelque chose, c'est parce qu'il ne le veut pas. Celui qui veut vraiment quelque chose et ne peut pas l'obtenir, demandera de l'aide pour y parvenir. S'il ne le fait pas, cela signifie qu'il ne le veut pas vraiment. Il est inutile de jurer, de promettre ou de s'engager à plusieurs reprises si rien ne change. Si cela ne change pas, c'est parce que l'on ne veut pas vraiment changer. Il est important de se rendre compte de cette réalité le plus tôt possible pour se libérer de l'espoir vain et des fardeaux qu'il apporte à notre vie.

Plus nous sommes conscients de la réalité, plus nous serons heureux.

Les sept phases pour surmonter la dépendance affective.

Lorsqu'une personne prend la décision de mettre fin à une relation dans laquelle elle a développé une dépendance affective, elle traverse généralement sept étapes avant d'atteindre une guérison complète. Il est possible qu'elle ne traverse pas toutes ces étapes, mais celles-ci sont les plus courantes sur le chemin de la libération et de l'indépendance affective. Les étapes en question sont les suivantes :

1. **L'euphorie initiale :** vous avez voulu mettre fin à votre relation depuis un certain temps et vous vous sentez soulagé(e) d'avoir pris cette décision en réalisant que vous n'étiez pas heureux(se) dans cette relation. Après la rupture, vous ressentez une certaine forme de bien-être et d'excitation, comme si vous retrouviez la vie. Cependant, il est important de ne pas se laisser emporter par cette euphorie et de ne pas prendre de décisions importantes qui impliquent de grands changements.

2. **Nouvelle rechute :** après l'euphorie, vous pourriez vous sentir déprimé(e) et mal. Votre esprit vous jouera des tours en vous faisant ressurgir des souvenirs positifs de votre relation pour vous inciter à retourner vers votre ex-partenaire. Vous vous blâmerez, vous vous parlerez mal et vous vous sentirez de plus en plus perdu(e). C'est ce qu'on appelle le syndrome de sevrage. Si vous retombez dans la relation pendant cette phase, ce qui est fréquent, cela peut être positif et vous aider. Cependant, il est important de se poser la question de pourquoi vous avez retomber dans cette relation toxique après vous être sorti(e) de cette relation pour continuer sur votre chemin de guérison.

3. **Auto-illusion :** Dans cette troisième phase, l'objectif est de maintenir votre résolution de ne pas rechuter. Au fur et à mesure que le temps passe et que vous n'entrez plus en contact avec votre ex-partenaire, vous vous

sentez mieux. Cependant, il est important de ne pas tomber dans l'auto-illusion en pensant que vous êtes prêt à rencontrer ou à parler à cette personne à nouveau. Cela est un mensonge. Lorsque vous allez bien, vous n'avez pas besoin de renouer avec la personne à laquelle vous étiez accroché. Si vous rencontrez votre ex-partenaire et que vous le voyez mal, il y a un risque de rechute car votre dépendance n'est pas complètement surmontée. Si votre ex-partenaire vous dit qu'il va bien et qu'il a rencontré quelqu'un d'autre, cela peut être dévastateur. Vous vous rendrez compte de votre auto-illusion, vous vous sentirez mal et vous voudrez récupérer cette personne. Il est donc important de ne pas rester, de s'éloigner et de rester abstinent jusqu'à ce que le besoin de cette personne passe, pour pouvoir poursuivre le processus de guérison.

4. Le masochisme irrationnel : Dans cette phase, vous vous infligez des souffrances inutiles, qui peuvent être très destructrices pour votre bien-être. Vous savez que vous n'êtes pas obligé de revenir avec cette personne, mais vous ne pouvez pas vous empêcher de penser à elle et de vous demander si elle pense à vous ou se souvient de tout ce qui a été vécu. Cette pensée n'a pas de raison rationnelle, mais vous ne pouvez pas vous en empêcher. Cela signifie que vous n'arrivez pas à couper complètement les derniers liens avec cette personne, et cela peut devenir une façon de vous torturer. Vous savez que cela n'a pas de sens et ne mène nulle part, mais il est difficile d'arrêter ces pensées. Il faut passer au travers de cette phase le plus rapidement possible.

5. Pensées obsessionnelles : C'est une étape du processus de guérison qui est importante. Certaines personnes font l'expérience de pensées obsessionnelles, qui se caractérisent par le fait qu'elles ont quitté la relation depuis un certain temps, mais qu'elles ont l'impression de ne pas pouvoir s'empêcher de penser de façon obsessionnelle à leur ex-partenaire. Vous ne pouvez pas vous empêcher de penser, d'analyser, de vous poser des questions sur lui ou elle. C'est très fatigant et vous espérez que l'autre personne vous contactera tôt ou tard. Pour remédier à cela, vous devez essayer de distraire votre esprit avec d'autres activités dès que possible. Si vous ne parvenez pas à couper ces pensées et que l'obsession va plus loin, il s'agit peut-être d'un problème chimique (perturbation hormonale) et, dans certains cas, vous devrez consulter un médecin pour éventuellement prendre des antidépresseurs qui vous aideront à réduire l'obsession et à reprendre le contrôle de la situation.

6. La dernière chance : Cette phase est généralement l'avant-dernière. Vous reprenez contact avec votre ex-partenaire et vous commencez à la percevoir différemment, pensant qu'elle a changé. Elle fait des promesses, vous constatez de réels changements (du moins en apparence) et vous renouez avec l'attachement émotionnel et vous sentez que vous voulez donner une dernière chance à la relation. Si vous ne le faites pas, vous pensez que vous ne serez pas capable de passer à autre chose. Vous pensez que vous pouvez être heureux à nouveau, mais la réalité est que vous êtes deux personnes complètement différentes qui en sont à des points différents, ou que vous pouvez constater que l'autre personne est toujours au même point, ce qui vous fera sentir que vous n'êtes pas prêt à revenir à la façon dont les choses étaient avant. Le processus que vous avez traversé jusqu'à présent dans les étapes précédentes n'aura pas été vain et vous aidera à voir que la personne n'a pas vraiment changé, et même si elle a changé, vous aurez également grandi et changé et comprendrez que vos sentiments ont également évolué. Vous repartirez en sachant que vous ne ferez pas de rechute avec cette personne.

7. La libération finale : Que vous ayez ou non donné une dernière chance à cette relation angoissante, vous atteignez la phase la plus attendue, celle de la libération finale. Vous lâchez définitivement prise et vous ne donnez plus de crédit à ce que vous avez vécu et au fait d'avoir maintenu cette relation aussi longtemps. C'est à ce stade que l'on se sent à nouveau totalement libre, prêt à reprendre le contrôle de sa vie sans crainte de rechute. C'est une étape très transformative. Comment savez-vous que vous avez atteint cette étape ? Lorsque l'on vous demande si vous retourneriez avec votre ex-partenaire et que vous répondez immédiatement et catégoriquement non. C'est à ce moment-là que vous vous êtes définitivement libéré et que vous pouvez, sans pression, envisager une nouvelle relation éventuelle.

Il est normal de ressentir un certain degré de retour en arrière lors de chacune de ces étapes, mais il est important de se rappeler que l'on ne revient jamais au point de départ et que chacune de ces étapes vous permet de comprendre pourquoi vous avez pris la décision de mettre fin à une relation qui ne vous rendait pas heureux.

La clé est dans la première fois

La clé est dans un premier temps : Pourquoi est-ce si difficile pour nous d'accepter qu'ils ne nous aiment tout simplement pas ? Pourquoi laissons-nous si souvent se produire des choses impensables selon nos valeurs, en nous trompant et en nous rendant coupables de quelque chose pour lequel nous n'avons rien à faire ? La réponse est toujours la même : Le manque d'estime de soi, qui nous conduit à la peur d'être seul, nous enchaîne aussitôt à la dépendance affective.

Il ne s'agit pas d'avoir plus ou moins d'études, ni d'appartenir à une catégorie sociale supérieure ou inférieure, ni uniquement lié au fait d'être un homme ou une femme. La dépendance affective peut nous attraper tous si nous n'y prêtons pas attention.

Dans mon expérience, j'ai vu des cas où des personnes tolèrent de vraies atrocités et la clé pour comprendre cela est toujours la même: la première fois. Quand quelque chose que nous n'aimons pas ou ne sentons pas bien arrive pour la première fois, c'est le moment de fixer une limite ferme et de dire non. Si nous ne le faisons pas, cela deviendra de plus en plus difficile pour nous et nous entrerons dans une spirale dont il peut être très difficile de sortir. Si nous n'acceptons pas ce qui ne correspond pas à nos valeurs, cela arrivera une deuxième fois, puis une troisième, une quatrième, etc. Et il n'y aura plus de limite pour nous arrêter.

À PRENDRE EN COMPTE :

Il est crucial de savoir exactement ce que nous recherchons et ce que nous ne voulons pas ou sommes prêts à tolérer avant de commencer une relation. Cela nous permettra de fixer des limites claires chaque fois que nous rencontrons un comportement qui entre en conflit avec nos valeurs fondamentales.

Avoir nos bases claires nous aidera également à détecter cette "première fois" où un comportement inacceptable apparaît et à dire NON clairement et fermement.

Avoir une bonne estime de soi est également cruciale pour vaincre la peur de la solitude et pour pouvoir dire : "Je mérite mieux" et pour être capable de suivre notre cœur vers un autre endroit.

Comment surmonter la dépendance affective ?

Comment arrêter d'être émotionnellement dépendant ? Si vous avez identifié que vous avez une forte dépendance affective envers votre partenaire, il est normal de vous poser des questions sur les solutions pour surmonter ce problème. Il est temps de trouver des outils pour surmonter cette dépendance affective.

1. **Reconnaissez que vous avez un problème.** La première étape pour commencer à guérir est de reconnaître que vous avez un problème. Il est donc important d'identifier et d'accepter que la dépendance affective que vous ressentez envers votre partenaire est négative et qu'elle peut être nuisible pour vous et pour votre relation.

2. **Identifiez comment la dépendance affective** vous nuit. Réfléchissez à la façon dont cette dépendance affective vous affecte négativement. Pensez également à la façon dont cela nuit à votre relation. Il est important d'être conscient non seulement du fait que vous êtes dépendant, mais aussi des conséquences de cette dépendance sur votre vie personnelle et sur toutes vos relations.

3. **Travaillez à augmenter votre estime de soi.** Les personnes qui dépendent négativement des autres ont souvent des difficultés à s'aimer suffisamment et à se donner la valeur qu'elles méritent. Il est beau de se sentir aimé, respecté et valorisé par soi-même, car cela facilite les relations avec les autres. Une personne ayant une haute estime de soi est moins susceptible de développer une dépendance affective pathologique envers une autre personne.

4. **Prenez du temps pour vous.** Consacrez du temps à vos objectifs, à vos loisirs et à vos passions. Il faut donner la priorité à passer du temps avec vous-même et de ne pas négliger ce qui vous passionne, car cela donne un sens à notre vie. En prenant du temps pour vous, vous apprendrez à être seul et à apprécier cette solitude, sans vous sentir impuissant ou anxieux de ne pas être avec votre partenaire.

Comment arrêter d'idéaliser quelqu'un ?

Il est fréquent de rencontrer une personne qui semble posséder toutes les qualités que l'on recherche pour rendre notre vie heureuse. Bien que cette personne puisse avoir des traits de caractère que nous apprécions et que nous apprenons à gérer au fil du temps, il est important de ne pas oublier que les fondements d'une relation se construisent et se nourrissent quotidiennement, et non pas seulement à un moment donné. Il est courant de croire avoir trouvé "notre moitié", mais il est préférable d'être complet et de devenir un "orange entière" capable d'accompagner une autre personne également complète sur un chemin à parcourir ensemble.

Nous parlons du concept d'engouement idéalisé et montrons des techniques efficaces pour arrêter d'idéaliser quelqu'un.

Concept d'engouement idéalisé.

Le concept d'engouement idéalisé se réfère à la tendance à idéaliser quelqu'un ou quelque chose, en attribuant des qualités parfaites à cette personne ou chose. Selon Freud, cela se produit lorsqu'on tombe amoureux, lorsque l'objet d'amour est traité comme une extension de soi-même et que la libido narcissique est dirigée vers cette personne. Cependant, la réalité est souvent différente de nos idéaux. Les contes de princes et princesses peuvent donner l'impression que la vie est toujours parfaite et merveilleuse, mais cela n'est pas le cas dans la vie réelle. Il faut comprendre qu'il n'y a pas de recette magique pour éviter les chocs émotionnels, mais plutôt de maintenir un dialogue constant et un "contrat tacite" avec notre partenaire, afin de pouvoir exprimer nos besoins et nos préoccupations. Ce "contrat" est un dialogue implicite dans lequel nos désirs, manques, besoins et exigences sont exposés et couvre tous les aspects imaginables de la vie de couple. Il est fréquent que ni l'un ni l'autre ne réalisent que leurs efforts pour plaire à l'autre reposent sur la certitude que l'autre pense, ressent et agit de la même manière qu'eux.

Par exemple : Un exemple pourrait être une personne qui croit que son partenaire partage les mêmes intérêts et passions qu'elle, mais en réalité, ils n'ont aucun intérêt en commun. Cette personne pourrait continuer à essayer de convaincre son partenaire de s'intéresser aux mêmes choses qu'elle, mais cela causerait des tensions et des frustrations dans la relation car ils ne sont pas sur la même longueur d'onde. Il serait plus efficace pour cette personne d'accepter les différences et de chercher des activités qu'ils peuvent partager ensemble, ou de respecter les activités individuelles de chacun.

Pourquoi nous idéalisons les gens ?

L'idéalisation des gens est un phénomène qui peut se produire lorsque nous avons des conflits et des souhaits d'enfance non résolus. Lorsque nous étions enfants, nos parents étaient les représentants du monde social pour nous. Nous avons donc appris à nous adapter à eux et à leurs attentes. Cependant, cela peut entraîner des carences émotionnelles qui ne sont pas satisfaites, comme le besoin d'exclusivité, d'appartenance et d'être unique pour nos parents.

Au fil des ans, nous pouvons rechercher des partenaires qui peuvent combler ces carences émotionnelles en nous donnant l'amour inconditionnel et la compréhension que nous avons manqués lorsque nous étions enfants. Nous idéalisons alors ces personnes, croyant qu'elles peuvent tout résoudre pour nous, comme si nous étions encore des enfants. Cependant, lorsque ces attentes ne sont pas remplies, nous pouvons nous sentir déçus et impuissants.

Un exemple de cela pourrait être une personne qui a grandi avec des parents très occupés et qui n'ont pas eu beaucoup de temps pour elle. Elle peut rechercher des partenaires qui lui donnent l'attention et l'amour qu'elle n'a pas reçus de ses parents, et idéaliser ces personnes, croyant qu'elles peuvent combler toutes ses carences émotionnelles. Sauf que, lorsque ces attentes ne sont pas remplies, elle peut se sentir déçue et impuissante.

Que faire pour arrêter d'idéaliser quelqu'un ?

Pour arrêter d'idéaliser quelqu'un, il est important de comprendre que chaque personne a ses propres forces et faiblesses. C'est comme un puzzle, chaque pièce a sa propre forme et sa propre place, mais ensemble, elles forment une image complète. De la même manière, chaque personne a des traits qui nous attirent et des traits qui peuvent nous décevoir.

Il est nécessaire d'accepter cela et de maintenir un dialogue ouvert avec cette personne pour comprendre ces traits et construire une relation saine. Cela signifie également de s'exprimer librement et de laisser l'autre être lui-même, sans essayer de changer qui il est.

Imaginons un arbre qui est magnifique, sa hauteur, ses feuilles et ses fruits sont tous des traits qui nous attirent. Mais, cet arbre ne peut pas se déplacer, il ne peut pas changer de lieu, il est un arbre et il restera un arbre. De la même manière, la personne que nous aimons est ce qu'elle est, nous ne pouvons pas changer qui elle est, mais nous pouvons accepter cela et aimer cette personne pour ce qu'elle est.

Un exemple concret serait une personne qui idéalise son partenaire en pensant qu'il est parfait et qu'il ne peut pas se tromper. Cependant, lorsque le partenaire commet une erreur, la personne se sent trahie et déçue. Pour éviter cela, il est important de maintenir un dialogue ouvert et de discuter des attentes et des limites de chacun dans la relation, tout en acceptant que chacun est humain et peut faire des erreurs.

Vaincre la Peur de l'abandon et de la solitude.

La peur de la solitude peut provenir de la crainte de l'abandon, de se sentir sans protection, impuissant et isolé. Elle peut également être liée à l'inquiétude de ne pas recevoir l'amour et l'affection d'une autre personne, comme les mains et le cœur d'un être cher.

La peur de l'abandon est l'une des plus primaires que nous, les êtres humains, ayons. Quand nous sommes bébés, nous avons besoin d'un adulte pour nous donner de la nourriture et de l'affection pour survivre. Cette dépendance crée en nous un sentiment d'attachement et de besoin de présence constante de cet adulte. Ainsi, lorsque nous entrons dans l'enfance, nous traversons l'adolescence en voulant rester proches de cet adulte, mais nous nous rendons compte que nous devons apprendre à être indépendants. Cependant, en atteignant l'âge adulte, cette peur de l'abandon reste présente et peut causer une profonde panique de solitude. Que s'est-il passé ? Peut-être est-ce dû à des expériences d'abandon dans notre passé ou à une vulnérabilité émotionnelle innée.

Lorsque nous devenons adultes, notre cerveau accumule un grand nombre d'expériences de la partie la plus décisive de notre vie : l'enfance et l'adolescence. Ce qui se passe durant ces années est ce qui nous donne la forme sur laquelle nous avons tendance à vieillir, avec nos peurs, nos ombres, nos désirs et nos rêves. Dans certains cas, nous devenons des adultes confiants et positifs, qui s'aiment, se fixent des objectifs et les poursuivent avec détermination. Dans d'autres cas, nous sommes piégés dans des corps et des esprits effrayants, qui ne sont pas soignés ou même maltraités. Et c'est en plein milieu de cette étape adulte, qui pourrait être la meilleure car elle ne dépend que de nous-mêmes, que nous sommes confrontés à la peur redoutée de la solitude. L'idée d'avoir une relation devient alors une authentique priorité. Cela devient tellement important que si nous ne l'obtenons pas ou si nous l'avons mais que nous finissons par la perdre, notre vie perd complètement son sens. Il nous est difficile d'être heureux, de ressentir la plénitude, un bien-être profond et cela peut nous amener à faire des choix non critiques et à subir des conséquences bien pires que cette solitude redoutée.

Il est donc important d'apprendre à être seul, de découvrir que l'on peut être heureux seul, et de créer des relations sans attachement ni dépendance affective. Si nous savons que nous sommes capables de nous débrouiller seuls, nous serons moins à risque de souffrir si une nouvelle relation ne se déroule pas comme prévu.

La clé pour être bien seul est d'avoir une vie sociale. En tant qu'êtres sociaux, nous avons besoin d'interactions sociales pour nous sentir bien. Si nous avons une vie sociale active et riche, nous serons mieux équipés pour gérer les moments de solitude. Il faut se rappeler que même si nous aimons être accompagnés et avoir une partenaire, il ne faut pas se fermer à la possibilité de nouvelles relations. Si une nouvelle relation se présente, cela sera merveilleux, mais si ce n'est pas le cas, nous devons être en mesure de nous sentir bien seuls. Si nous avons une vie sociale riche et active, nous aurons plus de chances de rencontrer cette personne qui nous correspond. Il y a toujours des gens merveilleux qui mettent fin à des relations qui ne leur conviennent plus et qui s'ouvrent à de nouvelles possibilités. Mais pour ouvrir de nouvelles portes, il faut d'abord s'assurer que d'autres ont été fermées définitivement. Il est important de clore les chapitres précédents avant d'en ouvrir de nouveaux.

La chose la plus importante est que nous soyons clairs que pour ouvrir de nouvelles portes, nous devons d'abord nous assurer que d'autres ont été fermement fermées pour toujours.

La peur d'être seul !

L'histoire de Sofie :

Sofie pleurait abondamment, et je pleurais avec elle, ressentant une tristesse profonde. La peur s'était installée au plus profond de son cœur : la peur d'être seul, de ne pas trouver quelqu'un avec qui construire une histoire, partager des moments, des rêves, des illusions ou de la tristesse. Cette peur est très courante, mais est souvent rejetée à cause de la douleur qu'elle provoque et de l'immobilisation qu'elle causait.

Sofie était à nouveau en deuil, elle devait encore accepter que cela n'avait pas fonctionné, que c'était fini et que cela n'avait abouti à rien. Cela lui était déjà arrivé dans ses deux dernières relations, si on pouvait les appeler ainsi.

Peu à peu, elle s'est calmée et a pu commencer à parler et répondre à ma seule question : "Que ressens-tu exactement, Sofie ?"

• *Je ressens une peur atroce d'être seule, de ne plus jamais avoir de partenaire. Toutes les personnes autour de moi ont un partenaire et des projets, et moi non. Je me demande ce que j'ai fait de mal. Je n'ai pas le sentiment d'avoir fait quelque chose de mal, mais peut-être que j'ai... Je ne sais pas, je suis perdue.*

Et Sofie pleura à nouveau, absorbée par cette peur et cette douleur.

En fait, il n'y avait rien de mal sauf une chose. Lorsque nous nous sentons seuls et que nous voulons vraiment avoir un partenaire, il est habituel d'y aller doucement. Et par "facile" je veux dire que nous restons avec la première personne qui nous prête un peu d'attention. Cela peut bien se passer pour nous, mais dans la plupart des cas, il est prouvé que ce n'est pas le cas, car ces personnes ont tendance à faire partie de celles qui ne recherchent rien de sérieux, juste quelqu'un avec qui avoir des relations sexuelles quand elles en ont envie. Mais en précisant très clairement qu'ils ne vont pas plus loin. Quand ils voient quelqu'un qui veut vraiment trouver quelqu'un d'autre, ils n'hésitent pas et partent à l'affût.

Si la personne qui veut avoir un partenaire accepte cela, elle le fera toujours avec l'espoir et la pensée qu'en nous voyant et en partageant, elle changera son point de vue sur la vie peut être une motivation pour nous de vouloir partager notre propre expérience avec les autres. Cependant, il faut se rappeler que chacun a son propre parcours de vie et ses propres croyances, et il est impossible de changer la façon dont les gens pensent ou se sentent. Il est préférable de partager notre propre expérience avec ouverture et respect, et de laisser les autres prendre leur propre décision.

Comment la peur d'être seul nous affecte-t-elle ?

1. Cette peur est ce qui nous fait nous sentir incapable de lâcher une relation qui ne fonctionne pas, peu importe à quel point nous en souffrons. Exemple: Sarah a peur d'être seule, alors elle reste en couple avec son petit ami même si il la traite mal et l'ignore souvent, parce qu'elle a peur de ne pas trouver quelqu'un d'autre.
2. Fait augmenter notre tolérance aux abus, c'est-à-dire que peu importe à quel point il nous traite mal, nous tolérons de plus en plus et le considérons comme quelque chose de normal et d'habituel. Exemple: John a peur d'être seul, alors il accepte que sa petite amie le trompe régulièrement et le traite mal, car il pense qu'il ne pourra pas trouver quelqu'un d'autre.
3. Rend notre estime de soi ne peut pas grandir en aucune façon. Nous avons cette peur car nous nous répétons mille fois que nous ne pourrons pas continuer sans lui, et en ne partant pas, nous vérifions que nous ne le sommes pas vraiment et c'est ainsi que le temps passe. Exemple: Rachel a peur d'être seule, alors elle se

laisse traiter comme une option secondaire par son petit ami, ce qui lui fait perdre confiance en elle et en ses capacités à être aimée.

4. Il nous amène à idéaliser l'autre. C'est comme une façon de nous tromper, de sorte qu'à un niveau interne nous ayons une justification de pourquoi nous sommes toujours à ses côtés. Exemple: David a peur d'être seul, alors il idéalise sa petite amie qui le traite mal et l'ignore souvent, en se disant qu'elle est simplement stressée et qu'elle l'aime vraiment.

5. Cela nous amène à nous perdre complètement et, surtout, à perdre notre dignité. De peur d'être laissés seuls, nous sommes capables de ramper et de nous humilier de telle manière que cela nous amène même à avoir honte de nous-mêmes devant les autres. Exemple: Emily a peur d'être seule, alors elle accepte de tout faire pour son petit ami, même s'il la traite mal et l'humilie devant ses amis, ce qui lui fait avoir honte d'elle-même et de sa propre valeur.

En bref, cela nous amène à générer une dépendance affective. Exemple: Jack a peur d'être seul, il a donc tendance à rester dans des relations qui ne lui conviennent pas, même s'il souffre de cette situation. Par exemple, il continue à sortir avec sa petite amie qui le trompe régulièrement, par peur de ne pas trouver quelqu'un d'autre. En raison de cette peur, Jack tolère de plus en plus les abus de sa petite amie, et finit par considérer cela comme normal. Il se sent incapable de partir, même s'il sait qu'elle ne le respecte pas. Cette peur fait également diminuer l'estime de soi de Jack. Il se répète constamment qu'il ne pourra pas continuer sans elle, et en restant avec elle, il vérifie qu'il a raison. Il idéalise également sa petite amie, il se persuade qu'elle est parfaite malgré ses défauts pour justifier de rester avec elle. Il se ment à lui-même pour ne pas être seul. Cette peur amène Jack à se perdre complètement et à perdre sa dignité. Il est prêt à s'humilier pour rester avec elle, même s'il a honte de lui-même devant les autres.

En résumé, Jack génère une dépendance affective envers sa petite amie, il est tellement effrayé à l'idée de ne pas l'avoir dans sa vie qu'il est prêt à tout accepter. Il oublie que la dignité est importante et qu'il mérite mieux qu'une relation qui ne lui apporte pas de tendresse, de respect, de compréhension et d'acceptation.

Comme je le dis toujours, il y a des situations qui menacent notre dignité, et nous ne devrions jamais les vivre. En tant qu'êtres humains, nous avons besoin d'affection, de tendresse, de respect, de compréhension et d'acceptation. Dans toute relation avec un autre être humain, il est crucial de recevoir ces éléments. Sinon, quelle que soit la nature de la relation (amitié, partenaire, etc.), nous ne serons pas heureux et il n'y a aucune raison de continuer à maintenir cette relation.

QUEL EST LE PROBLÈME ?

Le problème principal vient de nous-mêmes. Pourquoi tolérons-nous d'être maltraités ? La réponse est simple. Parce que nous sommes habitués à nous maltraiter nous-mêmes. Si nous nous aimons et nous respectons, nous exigerons de recevoir de l'amour et du respect en retour. Si nous prenons soin de nous, nous exigerons que les autres prennent soin de nous également. Mais si nous ne nous aimons pas, nous avons tendance à penser que nous ne valons rien et que nous sommes inutiles. Dans ce cas, nous acceptons facilement d'être maltraités et d'entendre des choses péjoratives. C'est triste car cela n'a rien à voir avec qui nous sommes réellement, mais malheureusement c'est souvent le cas.

Comment vaincre cette peur ?

À mon avis, il existe une seule façon de surmonter cette peur : renforcer ou regagner notre estime de soi. En renouant avec la grandeur et l'importance de notre être, en prenant conscience de l'étendue de notre potentiel et de nos capacités, nous nous sentirons en sécurité, forts et capables de faire face à toutes les situations inattendues.

La solitude - abordez-la avec sagesse.

La solitude, si nous lui permettons de devenir notre ennemi, peut s'avérer destructrice et cruelle. La société dans laquelle nous vivons renforce encore cette image. Dès le plus jeune âge, on nous inculque en effet qu'être seul est quelque chose de négatif. La solitude est présentée comme le domaine des personnes qui ont échoué. Cependant, si vous vous retrouvez face à elle, que ferez-vous? Allez-vous arrêter de vivre votre vie et de vous en réjouir simplement parce que vous n'avez personne à vos côtés?

La solution à toute cette situation se trouve en nous, à l'intérieur de nous. Nous ne la voyons pas, car cela nécessite de faire un pas important: il faut commencer à faire seul ce qui nous semble "juste" seulement en compagnie d'autres personnes.

Avant tout, il faut se libérer de la perception erronée de la solitude comme quelque chose de négatif. En réalité, elle peut être l'une des expériences les plus enrichissantes de la vie, dont nous nous lamentons inutilement.

La solitude est un cadeau.

Il arrive très souvent que nous soyons prêts à faire la plus grande bêtise possible, simplement pour éviter la solitude. Nous nouons une connaissance après l'autre. Nous faisons quelque chose pour les autres, même si nous n'en avons pas envie, simplement pour ne pas les perdre...

La vérité est que nous faisons tous ces efforts uniquement pour que les autres ne s'envolent pas de notre vie. Nous avons peur de rester seuls. La solitude semble être un état au-delà de nos forces.

Es-tu déjà allée au cinéma toute seule ? Es-tu allée dîner dans ton restaurant préféré toute seule ? Combien de fois as-tu renoncé à tes projets simplement parce qu'il n'y avait personne pour t'accompagner ce jour-là ? En fait, c'est un phénomène très intéressant. Tu peux peut-être déjà remarquer que nous nous fixons souvent nous-mêmes des limites et ne profitons pas de ce que nous aimons vraiment simplement parce qu'il n'y a personne à nos côtés. C'est l'une des choses les plus stupides que l'on puisse faire.

> « La meilleure façon d'être heureux avec quelqu'un d'autre est d'apprendre d'abord à être heureux seul. Ainsi, la compagnie est un choix, pas un besoin".».
> -Mario Benedetti-

Il est important d'apprécier la valeur de la solitude. Il y aura des gens autour de vous qui vous considèreront comme étrange. Votre famille peut penser que vous êtes un peu "bizarre" parce que vous allez seule au bar ou à ... Vous pourriez avoir envie de les écouter et de croire en cette croyance erronée qui est si profondément ancrée dans votre esprit. Mais si vous restez fidèle à vous-même, si vous ne renoncez pas à profiter de la vie pour chercher un compagnon, vous découvrirez un grand nombre d'opportunités merveilleuses.

Bien sûr, vous avez peur de ressentir un rejet et de vous sentir étranger. Mais qui sait, peut-être que c'est là que vous rencontrerez quelqu'un d'autre? Ne vous dirigez pas vers la solitude dans le but de trouver un partenaire. Profitez-en simplement.

Mais sachez que tout est possible, car il y a un grand nombre de gens merveilleux dans ce monde qui décident d'agir seuls et que la solitude est pour eux une agréable compagne. Ils ne se soucient pas de ce que les autres pensent.

Nous n'avons pas besoin d'être dépendants des autres.

La peur que nous éprouvions face à la solitude est souvent le fruit d'un besoin enraciné en nous de dépendre des autres. Nous voulons dépendre de notre famille, de notre partenaire, de nos amis. Et ce n'est pas seulement pour faire quelque chose ensemble. Parfois, c'est même pour trouver un sens à la vie.

Lorsque la solitude s'installe dans notre vie, nous devenons soudainement libres. C'est alors que la peur de lâcher prise, de cesser de s'accrocher à ce qui nous donne un sentiment de sécurité, apparaît. Nous avons peur de cette sensation lorsque nous réalisons que nous marchons sur un fil et que personne ne nous accompagne et que nous ne pouvons compter que sur nous-mêmes. Nous ne pouvons pas alors ignorer nos peurs, nos pensées et nos étranges sensations. Il ne reste plus qu'à écouter notre propre voix intérieure. Nous ne sommes pas habitués à cet état, car nous nous immergeons généralement dans la foule, écoutons les conversations et couvrons notre voix intérieure avec la voix de quelqu'un d'autre. La solitude nous offre cependant une occasion unique de ressentir que nous sommes entièrement responsables de notre propre vie. Nous réalisons également que tout ce que la société nous inculque, toutes ces règles et normes non écrites, ne doivent pas nécessairement être reflétées dans notre vie.

Lorsque nous nous retrouvons seuls avec nous-mêmes, nos mains tremblent car nous sentons que le moment est venu de prendre les rênes de notre vie et de prendre des décisions concrètes. Cela peut causer de la peur.

Combien de fois avons-nous pensé être libres alors que nous dépendions totalement des autres.

> "Pour aimer, il faut faire un grand travail intérieur qui ne peut être réalisé qu'à travers la solitude"
> **-Alejandro Jodorowsky**

Accepter, ne pas combattre

Ne nous mentons pas, la solitude fait mal. Elle nous fait mal car elle nous confronte à nos plus grandes peurs et inquiétudes. Cependant, cette douleur est temporaire. Elle ne dure jamais plus longtemps qu'il n'est absolument nécessaire. Elle nous pousse à être nous-mêmes. Elle nous fait rejeter toutes ces vérités stupides et croyances dénuées de sens que nous avions considérées comme absolues auparavant. Nous découvrons cependant qu'elles ne nous faisaient qu'asservir.

Il n'y a rien de mal à être seul et à apprécier cela. Ignorez ceux qui se moquent de vous. Ils veulent simplement vous ramener au début - là où vous étiez asservi par dépendance des autres.

Si la solitude apparaît dans votre vie, ne la niez pas et ne prétendez pas qu'elle n'existe pas. Ne cherchez pas non plus à vous en débarrasser en vous entourant de personnes vides et bruyantes qui n'apportent rien. Embrassez-la, acceptez-la et surtout, appréciez-la. Car c'est elle qui vous enrichit intérieurement. Grâce à elle, vous vous connaîtrez vous-même et vous vous développerez en tant que personne.

Les raisons pour lesquelles vous devez être seul.

Imaginons que nous sommes des musiciens en train de jouer un concert ensemble. Nous sommes tous connectés, en harmonie, en rythme. Cependant, pour atteindre cette symphonie parfaite, il est vital de prendre un instant pour s'éloigner de la scène, de se retirer dans un coin calme et silencieux pour régler notre propre instrument. C'est ainsi que nous pouvons retrouver notre propre voix et notre propre rythme, pour ensuite réintégrer le groupe plus fort et plus précis que jamais.

La solitude est comme un bain purificateur pour notre esprit, qui se noie souvent dans un océan de pensées et de distractions. Elle nous permet de mettre de côté les soucis quotidiens et de retrouver notre propre vérité intérieure. C'est comme si nous étions des artistes en train de peindre sur une toile vierge, libérés des contraintes extérieures pour laisser libre cours à notre imagination.

Il est essentiel de se rappeler que de temps en temps, nous devons passer du temps seuls afin de retrouver notre véritable soi. Selon les recherches, voici les 8 principales raisons pour lesquelles il est important de se retirer du monde extérieur et de profiter de moments de solitude.

Après de nombreuses recherches et prise de notes sur notre merveilleuse solitude, j'ai découvert les 8 principales raisons pour lesquelles nous devons être seuls de temps en temps et nous retirer du monde extérieur. Les raisons que vous découvrez lorsque vous recherchez la solitude sont toutes celles que j'aimerai partager avec vous aujourd'hui.

> « Le grand homme est celui qui au milieu des foules maintient, avec une douceur parfaite, l'indépendance de la solitude.
> **-Emerson-**

1. **La solitude purifie nos esprits :** La solitude est souvent considérée comme quelque chose de négatif, mais en réalité, elle peut avoir des effets très positifs sur notre bien-être mental et physique. L'excès d'informations et de stimuli que nous recevons au quotidien de nos proches, de notre travail, des médias et même de nous-mêmes peut avoir un impact négatif sur notre santé mentale. Pour cette raison, il

est nécessaire de prendre des moments de solitude pour nous permettre de mettre de côté nos préoccupations et de nous reconnecter à nous-mêmes.

2. **Le silence est essentiel pour notre bien-être**. Car les pensées défilent sans cesse dans nos têtes, au point que nous perdons la joie de vivre. La plupart de ces pensées non seulement ne nous aident pas, mais nous nuisent également. La seule façon de faire taire ces pensées est de pratiquer le silence. Ce silence est souvent retrouvé dans nos moments de solitude. En profitant de ces moments pour nous recentrer sur nous-mêmes, nous pouvons purifier nos esprits et retrouver un état de paix intérieure.

3. **La créativité émerge de la paix et de la tranquillité** . Se sentir en paix face à la solitude nous permet d'élargir notre esprit et de libérer nos talents créatifs et humains. La solitude est un véritable catalyseur pour la création et pour s'amuser. Elle est la source véritable de la créativité. Lorsque nous passons du temps seuls et que nous commençons à calmer notre esprit, les conditionnements imposés par notre environnement s'estompent. Petit à petit, nous libérons notre créativité.

4. **La solitude renforce votre confiance :** Il n'y a rien de plus fiable et de plus confiant que d'écouter notre voix intérieure et d'évaluer les avantages et les inconvénients en fonction de notre propre expérience de la vie. Si nous prenons le temps de nous arrêter et de nous écouter, nous pouvons découvrir nos besoins et comprendre qui nous sommes. Pour cela, les moments de solitude et de silence sont essentiels. Peu à peu, en baissant le volume de nos pensées, nous pouvons nous atteindre. Ce que nous ressentons va se révéler, ainsi que les pensées cachées qui nous refoulent. L'exploration de soi nous mène à avoir une confiance et une estime de soi saines.

5. **Vous améliorez la prise de décision :** Lorsque vous êtes seul, vous vous accordez le temps de vous retirer quelques instants du monde extérieur, des préoccupations et émotions de votre environnement. Cela permet de se sentir beaucoup plus serein et apaisé pour prendre les bonnes décisions pour soi-même. Et cela permet également de réaliser quelque chose de fascinant : voir les problèmes sous un autre angle, totalement différent et plein d'options positives.

> « La solitude, bien qu'elle puisse être silencieuse comme la lumière, est, comme la lumière, l'un des agents les plus puissants, puisque la solitude est essentielle à l'homme. Tous les hommes viennent seuls dans ce monde et ils le laissent tranquille."
> **-Thomas De Quincey-**

6. **Laisser le stress et l'anxiété derrière soi :** Lorsque nous sommes seuls, nous nous permettons de nous aider à organiser nos pensées et de régénérer les forces dont nous avons besoin pour nous ressourcer après une journée épuisante énergétiquement et émotionnellement. La solitude nous aide à comprendre ce qui est vraiment nécessaire pour notre croissance personnelle et à apprendre à prioriser de manière positive.

7. **Gagnez en efficacité dans ce que vous faites :** Vous avez sûrement souvent ressenti le besoin, face à une certaine incertitude, de rechercher un espace de solitude. Cela vous permet de clarifier vos pensées, d'élaborer un plan d'action et probablement de déterminer la prochaine étape vers vos rêves. Les ingrédients parfaits pour atteindre vos objectifs.

8. **Renforcez vos relations :** Vous pouvez probablement être d'accord ou pas avec cette idée. Mais il est une réalité que nos proches n'ont pas besoin de notre attention constante tous les jours. On pourrait

résumer cela par le principe de la vie : "Il faut d'abord apprendre à s'aimer pour apprendre à aimer un autre être humain unique et extraordinaire". Avoir du temps et de l'attention pour vous-même vous permettra de profiter de ces émotions avec les personnes que vous aimez.

Il vous permet de voir le visage authentique et précieux de votre vie

Lorsque vous êtes seul, vous pouvez découvrir votre vraie nature et la valeur de votre vie. J'ai appris beaucoup de choses sur moi-même en écoutant mon cœur et en ressentant mon âme lors de mes moments de solitude. Être seul permet de se reconnecter à la merveilleuse magie que chacun de nous possède en tant qu'êtres humains exceptionnels.

Je vous encourage à essayer, à prendre le risque de vous retrouver seul avec vous-même, sans rien d'autre. Toi et seulement toi...

Comme l'a dit Orson Welles : *"Nous sommes seuls, nous vivons seuls et nous mourons seuls. Ce n'est qu'à travers l'amour et l'amitié que nous pouvons avoir l'illusion, un instant, que nous ne sommes pas seuls."*

Être seul / se sentir seul.

Nous devons apprendre à très bien différencier ce que c'est d'être seul et ce que c'est de se sentir seul, car ce sont deux concepts différents et ils n'ont rien à voir l'un avec l'autre.

L'HISTOIRE DE DIANA :

"Je ne suis pas assez bien pour lui", "je ne suis pas assez attirante" ou "je ne suis pas assez intéressante". Diana se sentait seule, mais elle était loin d'être seule. Elle avait des amis, une famille et même un travail qui l'occupait. Elle a réalisé qu'elle devait apprendre à s'accepter elle-même, à être à l'aise avec sa propre compagnie et à ne pas dépendre des autres pour être heureuse. Pour Diana, il était temps de se concentrer sur elle-même et de découvrir qui elle était vraiment. Elle a commencé à prendre soin d'elle-même, à faire des activités qu'elle aimait et à explorer de nouveaux intérêts. Elle a également appris à gérer ses émotions et à ne pas se laisser envahir par la tristesse et la solitude.

Avec le temps, Diana a réussi à trouver la paix intérieure et à accepter sa solitude. Elle a compris que la solitude n'était pas un obstacle, mais plutôt une opportunité de grandir et de se découvrir elle-même. Elle a également compris qu'il est important de ne pas confondre solitude et isolement, et qu'il est possible d'être seul tout en étant entouré de gens qui nous aiment et nous soutiennent. "

En résumé, il est important de comprendre la différence entre être seul et se sentir seul. Nous devons apprendre à accepter la solitude et à l'utiliser pour notre propre croissance personnelle. Nous ne devons pas laisser la tristesse et l'isolement nous envahir, mais plutôt apprendre à gérer nos émotions et à nous concentrer sur nous-mêmes. Il est clair que lorsqu'une rupture se produit de cette manière, il est nécessaire d'ajouter (en plus du deuil que nous devons tous traverser) un coup très fort à notre estime de soi, causé par des conclusions que nous atteignons comme :

- "Il a trouvé quelqu'un d'autre qui est meilleur que moi"

- "Je n'ai pas été à la hauteur"

- "Je n'ai pas bien fait les choses, j'aurais dû faire plus attention, il n'aurait pas dû y avoir ..."

Et en vivant cette situation qu'il ne voulait pas et dont il ne pouvait échapper nulle part, il réalisa à quel point il était difficile d'affronter la solitude. C'est quelque chose qui arrive sans aucun doute à la grande majorité des gens, soit à cause d'une rupture ou d'une absence de partenaire, soit comme une difficulté que nous vivons même si nous avons une relation. Nous pouvons nous connecter avec cette difficulté, que nous ayons ou non un partenaire à nos côtés. Le problème, en fait, est avec soi-même et avec nos propres espaces de rencontre avec l'essence que nous portons en nous.

Ce que je voudrais souligner dans ce texte, c'est la différence entre deux concepts qui je pense peuvent beaucoup nous aider à comprendre ce qui nous arrive : être seul et se sentir seul ne sont pas la même chose. Je vais vous expliquer la différence : être seul, c'est n'avoir personne à nos côtés physiquement, mais se sentir seul, c'est ne pas se sentir connecté ou en lien avec les autres, même si nous sommes entourés de gens. Il est important de comprendre que nous pouvons être seuls physiquement tout en ne nous sentant pas seuls émotionnellement, et inversement, nous pouvons être entourés de gens tout en nous sentant seuls émotionnellement. Il est donc important de travailler sur notre relation avec nous-mêmes pour ne pas se sentir seuls, même lorsque nous sommes physiquement seuls.

ÊTRE SEUL :

Être seul, c'est apprendre à être avec vous-même, à être bien et à l'aise en votre compagnie. Cela signifie que lorsque vous êtes seul, vous savez quoi faire, quels sont vos passe-temps, ce qui vous fait vous sentir épanoui, comment remplir votre temps, ce qui vous donne la paix et ce qui vous stresse. Certains ont de la difficulté à être seul et, pour cette raison, cherchent quelqu'un pour les sortir de cet espace, et c'est à ce moment-là qu'il y a un danger de s'accrocher à des relations malheureuses et de créer une dépendance affective.

Être seul, c'est aussi s'isoler pour se retrouver. Avoir la possibilité de plonger dans le silence ou la tranquillité de ne pas avoir conscience de personne, de ne pas être dérangé par personne, de voir un agenda vide ou deux jours sans contact social avec notre cercle de proches ou de connaissances. Être seul n'est pas nocif. C'est même très nécessaire lorsque nous détectons qu'il y a une partie en nous qui nous le demande, qui nous demande que cet espace physique et/ou temporel reste immobile et en contact avec nous-mêmes. Cela peut être régénérant, réconfortant et nourrissant. Cela peut nous aider à voir, à comprendre et à grandir, à changer pour être plus conscient et modifier notre cours dans certains aspects. Cela est important pour tout le monde. C'est comme réajuster les coordonnées et partir de là, avec plus de confiance, de dynamisme et de conscience.

Être seul est très positif, tant que cela ne devient pas permanent, bien sûr. L'isolement serait l'extrême et ce n'est pas bon non plus.

Se sentir seul !

D'un côté, se sentir seul est grave, car c'est lorsque vous sentez qu'il n'y a personne qui se soucie de vous, pour qui vous êtes précieux et qui se soucie quand vous êtes mal. Et la pire solitude est celle qui fait le plus mal, c'est quand on se sent comme ça quand on est en couple. Vous êtes avec une personne avec qui vous sentez que vous ne vous connectez pas, que votre douleur ne fait pas mal et qui ne se soucie pas des choses qui vous arrivent.

Se sentir seul est ce qui nous amène à souffrir. Se sentir seul, c'est sentir que personne ne comprend ma douleur, que personne ne pense à moi, que je ne compte pour personne, que personne n'a vécu ce que je vis, que personne ne pense comme moi... Là on se sent mal . Là on souffre. Nous souffrons parce que nous nous sentons séparés des autres et nous ne pouvons pas ressentir ou créer de connexion avec d'autres personnes.

Et si nous nous rendons compte que nous ne nous connectons absolument à personne dans notre environnement, la vie n'a aucun sens pour un être humain. Ce qui donne un vrai sens à notre existence, c'est de sentir que nos besoins d'amour et de connexion sont couverts. Et cela ne peut nous être donné que par d'autres personnes. Ce n'est pas forcément dans un couple. Inutile. Il peut s'agir d'un ami, d'un membre de la famille, d'un collègue ou d'un cours de danse. N'a pas d'importance. Mais il doit y avoir quelqu'un.

Il est important que, que nous ayons un partenaire ou non, nous nous demandons si nos besoins d'amour et de connexion sont couverts. J'ai peut-être un partenaire et ma réponse est toujours "non". Et je n'ai peut-être pas de partenaire et ma réponse est «oui». Ou au contraire.

Dans tous les cas, nous devrions toujours ressentir un grand OUI en nous posant cette question et si ce n'est pas la réponse que nous obtenons, notre objectif principal devrait être de trouver des moyens de trouver de nouvelles personnes avec qui répondre à ces besoins et que notre vie commence à avoir un vrai sens.

Sinon... pourquoi vivre ? Nous pouvons tous le changer et profiter du merveilleux cadeau dont nous avons été découvert que seules nous asservissaient.

Il n'y a rien de mal à être seul avec soi-même et à en profiter. Ignore ceux qui se moquent de toi. Ils veulent simplement te ramener au début - là où tu étais asservi par la dépendance des autres.

Si la solitude apparaît dans ta vie, ne la nie pas et ne prétends pas qu'elle n'existe pas. Ne cherche pas non plus à t'en débarrasser en t'entourant de personnes vides et bruyantes qui ne t'apportent rien. Embrace-la, accepte-la et surtout, profite-en.

Car c'est elle qui t'enrichit intérieurement. Grâce à elle, tu vas te connaître toi-même et te développer en tant que personne.

Apprenez à vivre avec la solitude.

Apprenez à vivre avec la solitude et tout ira mieux pour vous. La solitude a une charge émotionnelle négative, mais elle ne l'est pas du tout. Non seulement ce n'est pas, mais c'est bon, positif, et aussi nécessaire. Nous devrions essayer de voir les moments de solitude comme des espaces qui nous aident à grandir, à nous améliorer et à mieux nous connaître. Il faudrait les chercher et les créer plus fréquemment, surtout les personnes qui ont peur de la solitude et la rejettent. Quand quelqu'un n'aime pas la solitude, c'est généralement parce qu'il la rapporte au fait d'être seul et qu'il dit : "Je n'ai rien de bon à apporter, personne ne veut être avec moi..." Il est constamment martelé avec ce dialogue négatif et cela fait chuter son estime de soi.

Pourquoi n'aimons-nous pas être seuls ?

Gardez à l'esprit que nous sommes des êtres sociaux et que le cerveau nous fait nous sentir bien, en sécurité et calme lorsque nous sommes entourés d'autres personnes. Pour se sentir bien, il faut remplir la partie communication, c'est-à-dire avoir des gens à qui parler, avec qui exprimer nos besoins et ce que nous ressentons. Nous avons aussi besoin de la part d'affection : se sentir proche, quand on se touche, ou le simple fait de la présence. Par exemple, il y a beaucoup de gens qui sont terrifiés par cette sensation d'arriver à la maison et qu'il n'y ait personne, et ils préfèrent être avec quelqu'un, même si cela les éloigne d'eux, plutôt que de ressentir ce silence et cette solitude de savoir que personne ne les attend à la maison.

La solitude et Noël.

Le sentiment de solitude est généralement plus fort pendant la saison de Noël, car ces jours sont associés à la famille, au partage et à rendre les autres heureux. Si vous êtes loin de chez vous, avez subi un deuil ou avez rompu une relation, cela peut vous rappeler le vide et la tristesse.

En réalité, le 25 décembre est un jour comme les autres, mais nous ne le percevons pas ainsi en raison de la charge émotionnelle associée à ces dates et de la pression sociale pour vivre Noël d'une certaine manière. La clé est de changer notre perception de Noël et de vivre cette période sans ce fardeau. La solitude peut être négative lorsque nous traversons des moments difficiles, tels que le deuil ou une rupture, mais c'est précisément à ces moments-là que nous ne devrions pas nous isoler. Si nous le faisons, nous souffrirons davantage car nous avons besoin de chaleur humaine et de distraction. Il y a des moments où vous ne voulez voir personne, mais il est important de ne pas s'isoler complètement et de faire des efforts pour partager avec les autres, car cela aide à sortir plus rapidement de ces moments difficiles.

Les effets positifs

Il y a également des effets positifs à savoir être seul. Lorsque vous vous sentez à l'aise avec votre solitude, vous êtes plus sûr de vous et vous dites ce que vous pensez. Vous n'avez pas peur que les autres se mettent en colère ou vous rejettent, ce qui vous rend plus clair, spontané et authentique. Cela conduit également à moins de dépendance affective, car vous savez que vous pouvez vous débrouiller seul. Si une relation ne fonctionne pas, vous n'avez pas peur de retourner à votre espace de solitude et de souffrir moins. Enfin, savoir être seul permet de mieux se connaître soi-même, de se poser des questions, de réfléchir, de comprendre ce qui nous arrive et pourquoi. Cela permet également de choisir plus judicieusement les personnes qui nous entourent, les expériences que nous voulons vivre et celles que nous ne voulons pas inclure dans notre vie. En somme, tout est meilleur pour nous si nous savons vivre avec la solitude.

Conseils contre la solitude

Les personnes qui se sentent seules doivent apprendre à s'accepter et à accepter d'être seules. L'amour et le partenariat ne sont pas tout. Les personnes seules peuvent agir sur leur solitude, rencontrer de nouvelles personnes et échapper à la dépression. Voici nos conseils contre la solitude :

- ✓ **Faites-vous plaisir :** Si vous avez des pensées telles que "Ce n'est pas la peine de cuisiner pour moi seul" ou "Je ne peux pas m'amuser dehors seul", vous devriez rapidement essayer de vous débarrasser de ce modèle de comportement. Il est important de faire en sorte que cela vaille la peine de faire quelque chose de bien pour vous. Même seul, vous pouvez vous amuser à cuisiner, à vous promener, à aller au cinéma. Vous pouvez également dresser la table pour vous et déguster un bon repas. Un verre de jus pour accompagner le tout - et rien ne s'oppose à une soirée passée à profiter de sa propre compagnie !

- ✓ **Entrer en contact avec d'autres personnes :** Il est important de sortir de sa coquille et d'entrer en contact avec d'autres personnes. Il ne s'agit pas forcément de la prochaine fête que vous recevez seul, mais une conversation agréable avec le voisin, le coiffeur, la vendeuse du supermarché suffit. Il est facile de parler des choses de tous les jours : la météo, le programme télé. Si vous écoutez les autres et révélez parfois quelque chose de personnel, vous avez le sentiment d'être à votre place.

- ✓ **Donner un sens à la vie :** Il existe de nombreuses activités qui permettent de se sentir utile. Faire du bénévolat dans une banque alimentaire ou un refuge pour animaux, par exemple. Vous pouvez entrer en contact avec d'autres personnes avec lesquelles vous partagez une passion. La plupart des associations et institutions sont reconnaissantes de toute aide. Vous pouvez également rencontrer des gens et nouer des liens dans des cours de cuisine, des clubs de danse ou des programmes de fitness.

Il ne faut pas céder davantage à la solitude, mais de travailler contre elle. Les personnes qui se sentent seules connaîtront toujours des moments où elles se sentiront rejetées sur elles-mêmes et seules, même si elles parviennent à combattre la solitude. Mais tout le monde passe par des moments où il se sent mal aimé, impuissant et isolé. En parler honnêtement, même en admettant que vous ne vous sentez pas bien en ce moment, peut aider à soulager la solitude. S'ouvrir à d'autres personnes peut être libérateur et aider à surmonter ce sentiment. L'important est de ne pas céder davantage à la solitude, mais de travailler activement pour la combattre.

Comment l'estime de soi affecte-t-elle votre relation ?

Notre estime de soi est directement liée à l'affection que nous avons reçue de nos parents ou de ceux qui ont pris soin de nous. Il est essentiel de recevoir de l'affection physique et/ou verbale pour construire une estime de soi solide qui nous permet de nous considérer comme des personnes valables et capables.

Notre estime de soi est déterminée par la façon dont nous nous percevons et nous ressentons. Chacun d'entre nous a une idée ou un concept de qui nous sommes, et cela influence notre façon de nous rapporter aux autres, que ce soit avec des amis, des collègues, des événements imprévus de la vie quotidienne, des problèmes qui surviennent et surtout avec nos partenaires. Bien que cela puisse ne pas sembler lié au départ, l'estime de soi et la façon dont nous nous rapportons à notre partenaire ont une relation très étroite.

Pour comprendre comment notre estime de soi peut affecter notre relation de couple, il est important de se poser trois questions : est-ce que j'ai une estime de soi trop faible ? Est-ce que cela influence mon comportement ? Quels sont les problèmes qui se produisent dans ma relation de couple à cause de cela ?

Les 3 questions sont :

1. **Vous vous comparez souvent aux autres, pensant qu'ils sont meilleurs que vous ?**

Lorsque nous faisons cela, nous ressentons de l'anxiété et de la jalousie. Nous sommes jaloux car nous avons peur que notre partenaire trouve quelqu'un de mieux que nous. Nous croyons que les autres sont meilleurs et nous avons peur qu'ils nous quittent pour quelqu'un de plus qualifié. Cela nous amène à nous connecter à la peur de la solitude, cachée en nous. Cela peut causer une panique profonde et terrible, qui peut nous amener au bord de la folie.

Il est vrai qu'il y a toujours la possibilité que nous soyons sans notre partenaire, mais il est important de se rappeler que nous avons vécu sans eux avant et pouvons le faire à nouveau. Il n'y a aucune garantie en amour, mais cela ne signifie pas que nous devons vivre dans la peur constante de la perte.

2. Vous critiquez-vous avec des pensées et des croyances négatives et limitantes ?

Vous critiquez-vous avec des pensées et des croyances négatives et limitantes? Il y a des croyances telles que "je ne suis pas capable", "je ne suis pas important", "je ne vaux pas", "je suis faible", "je ne suis pas assez" ou "je ne mérite pas". Ces croyances peuvent nous causer beaucoup de mal. Nous ne nous en rendons pas compte, mais nous nous parlons souvent de manière si nocive que nous ne pourrions pas utiliser ces mêmes propos pour parler à quelqu'un d'autre. Parler à quelqu'un avec ces messages ne serait pas le traiter, ce serait le maltraiter et nous ne serions pas en mesure de le faire. Alors... pourquoi le faisons-nous avec nous-mêmes? Nous avons l'habitude de nous parler de cette manière et cela détruit petit à petit notre estime de soi. Nous nous sentons de pire en pire chaque jour. Lorsque nous nous traitons ainsi, nous nous sentons mal, nos illusions s'estompent, les jours s'assombrissent autour de nous et tout devient gris, notre humeur se dégrade et notre joie disparaît. Cela peut même nous amener à détruire les relations dans lesquelles nous nous trouvons.

3. Est-ce difficile pour vous de dire non ?

Si vous vous retrouvez souvent à dire oui alors que vous voulez vraiment dire non, vous pourriez avoir un problème. Cela peut se produire dans des situations mineures, comme aller prendre un café l'après-midi parce que quelqu'un nous le propose, alors que nous voulons en réalité rester chez nous, ou des situations plus graves comme notre partenaire insistant pour faire un échange de partenaires et même si nous ne le voulons pas, nous finissons par accepter.

Quelle que soit la situation, si nous ne respectons pas nous-mêmes, nous nous critiquons avec des pensées et des croyances négatives et limitantes. Il existe des croyances telles que "je ne suis pas capable", "je ne suis pas important", "je ne vaux pas", "je suis faible", "je ne suis pas assez" ou "je ne mérite pas". Ces croyances peuvent nous causer beaucoup de mal. Nous ne nous en rendons pas compte, mais nous nous parlons souvent de manière si nocive que nous ne pourrions pas utiliser ces mêmes propos pour parler à quelqu'un d'autre. Parler à quelqu'un avec ces messages ne serait pas le traiter, ce serait le maltraiter et nous ne serions pas en mesure de le faire.

Alors, pourquoi le faisons-nous avec nous-mêmes? Nous avons l'habitude de nous parler de cette manière et cela détruit petit à petit notre estime de soi. Nous nous sentons de pire en pire chaque jour. Lorsque nous nous traitons ainsi, nous nous sentons mal, nos illusions s'estompent, les jours s'assombrissent autour de nous et tout devient gris, notre humeur se dégrade et notre joie disparaît. Cela peut même nous amener à détruire les relations dans lesquelles nous nous trouvons. En réalité, cela va accumuler en nous beaucoup de ressentiment, de colère, de rage, de frustration, et une foule d'émotions négatives qu'il ne faut pas du tout nourrir. À long terme, il ne fait aucun doute que cela nous mènera à l'effondrement. Sans aucun doute, si nous nous étions exprimés clairement et que nous nous respections, nous nous serions épargnés beaucoup de temps de souffrance, d'angoisse et d'inconfort. Par conséquent, il est très important que nous prenions conscience de l'état de notre estime de soi et que, si elle est trop faible, nous devions la renforcer, et faire un processus de thérapie individuelle si nécessaire.

Il est important de souligner qu'il n'est jamais trop tard pour renforcer notre estime de soi et que cela en vaut toujours la peine!

C'est difficile pour moi de dire NON !

Pourquoi est-ce si difficile pour nous de dire non à quelqu'un d'autre? (Non merci, je suis désolé mais non, la vérité est que je n'en ai pas envie). Quelle est la peur qui se cache derrière cette difficulté à laquelle tant de gens se soumettent?

J'ai vu beaucoup de personnes se retrouver dans des situations improbables, des gens qui ont accepté tellement de choses et sont allés si loin, qu'ils se sont perdus même sur un chemin étroit. Et ensuite, tellement perdus, ils ne se retrouvent même plus... C'est triste et dur, mais c'est une situation courante.

L'une des explications de ce phénomène fréquent est sans aucun doute la peur du rejet, du conflit, de la confrontation et finalement de l'abandon et de la solitude.

Et pourquoi avons-nous peur que cela nous conduise directement au rejet et au conflit, au jugement et à la solitude?

Nous l'associons souvent à l'égoïsme. Nous croyons que nous deviendrons des gens égoïstes à leurs yeux et bien sûr c'est quelque chose de très nocif pour nous, mais dire non est-il égoïste? Ici, nous devons répondre par un immense non ! Pour rien! Rien n'est plus éloigné de la réalité!

Comment pouvons-nous considérer quelqu'un comme égoïste, simplement parce qu'il décide de vivre sa vie et de faire les choses à sa manière? Je suis désolé mais je ne peux pas être plus en désaccord et cela, nous pourrions l'appliquer à de nombreuses situations.

Au contraire, un égoïste est quelqu'un qui vous demande (ou pire, vous exige) de vivre votre vie selon ses critères ou ses croyances, celui qui croit que c'est mieux pour vous. Il se met en colère ou vous manipule si vous ne faites pas ce qu'il souhaite et exige que vous le fassiez immédiatement. C'est véritablement être égoïste !

Pourquoi devrions-nous changer En fin de compte, les difficultés à dire non sont liées à une faible estime de soi. Tout est étroitement lié à l'estime de soi. Pour parvenir à un changement, il est essentiel que nous fassions un travail pour retrouver notre valeur personnelle. Nous devons arrêter de nous rabaisser et de croire que les autres sont plus importants que nous, et apprendre à valoriser les nombreuses qualités et talents que nous possédons. Nous avons chacun les nôtres et c'est pourquoi nous sommes uniques et irremplaçables. Personne n'est plus important qu'un autre, mais personne n'est moins que quelqu'un d'autre. Au-delà de nos diplômes universitaires, de l'argent que nous avons sur notre compte en banque ou de notre physique, nous sommes tous égaux. Nous venons de la même chose et nous finissons tous au même endroit. Probablement parce que quelqu'un nous a convaincus que c'est ce qu'il y a de mieux pour nous. Il est important d'écouter les autres car ils peuvent avoir des idées pertinentes et cela peut nous aider à mieux comprendre notre propre vie, mais si nous sentons que nous cédons ou que nous nous éloignons de notre essence, alors nous faisons erreur.

Par conséquent, il est important que nous pratiquions l'art de dire non. Même si cela est difficile au début, il est important d'oser le faire pour voir ce qui se passe ensuite. Si l'autre personne se met en colère ou nous maltraite, cela nous donne l'occasion de voir sa véritable nature. Si nous sommes honnêtes avec nous-mêmes, nous réaliserons que nous n'avons pas besoin de quelqu'un de ce genre dans notre vie.

Si, au contraire, en disant NON l'autre personne nous comprend, nous accepte et nous respecte, alors il nous montre qu'il nous valorise et nous respecte aussi, et que cette relation est vraiment basée sur l'amour.

En bref, pratiquer le non nous aide à nous aimer et à ressentir à quel point nous sommes importants et précieux, car si nous voulons que les autres nous respectent, nous devons commencer par nous respecter nous-mêmes.

Qu'est-ce qu'une faible estime de soi ?

Avant d'analyser les éléments qui composent une personne ayant une faible estime de soi, il est important de définir les bases de cette construction psychologique. Tout d'abord, quelles sont les caractéristiques de l'estime de soi ? Comment peut-on la définir ? Quelle est la différence entre une faible et une haute estime de soi?

Estime de soi : définition

On peut définir l'estime de soi comme une propriété individuelle basée sur notre capacité à nous évaluer nous-mêmes. Elle repose sur notre image de nous-mêmes, ainsi que sur notre capacité à nous aimer et à nous apprécier.

Qu'est-ce qu'une faible estime de soi ?

Une personne ayant une faible estime de soi aura des difficultés à apprécier ses propres qualités et caractéristiques qui la rendent unique. Elle peut se sentir inadéquate et croire qu'elle n'a pas les compétences nécessaires pour réussir dans son travail ou dans ses relations sociales.

Symptôme de faible estime de soi : discours intérieur négatif

L'un des symptômes d'une faible estime de soi est un discours intérieur négatif. Au cours d'une journée, de nombreuses pensées et idées traversent notre esprit, mais celui qui caractérise une faible estime de soi est le ton négatif de ce dialogue intérieur. Il peut engendrer des sentiments désagréables tels que la méfiance, la peur ou l'insécurité. Une des pensées courantes chez les personnes ayant une faible estime de soi est "Je ne peux pas". Ce discours psychologique limitant est très présent chez les personnes qui doutent de leur propre capacité. Il peut les amener à abandonner avant même d'avoir essayé de réaliser des objectifs importants pour eux. La pensée négative conduit à un manque de motivation face à de nouveaux défis, car l'illusion s'estompe rapidement face à la peur.

Peur de ce que les autres diront : signe clé d'une faible estime de soi.

Une autre caractéristique des personnes ayant une estime de soi faible est de trop accorder de l'importance à l'opinion des autres. Les personnes qui ont une faible estime de soi placent une grande partie de leur sécurité personnelle dans l'approbation de leur entourage, c'est pourquoi l'une de leurs peurs les plus récurrentes est celle de ce que les autres pourraient dire d'elles. Le jugement des autres devient alors une source de vulnérabilité. On peut constater une faible estime de soi dans des comportements aussi simples qu'éviter de partager ses opinions ou attendre toujours que les autres prennent des décisions, par exemple, choisir un film à regarder au cinéma.

Les personnes ayant une faible estime de soi ont également tendance à idéaliser les personnes qui projettent une plus grande assurance. Elles tombent dans cette idéalisation car elles projettent leurs propres peurs sur les autres et leur attribuent des qualités de perfection absolue. Cependant, il est important de se rappeler que tous les êtres humains ont des peurs et des doutes, mais cela ne signifie pas nécessairement qu'ils ont une faible estime de soi. Ce qui détermine réellement le niveau d'estime de soi est la façon dont la personne réagit à ces situations émotionnelles.

Estime de soi négative et manque d'objectivité.

La faible estime de soi est souvent accompagnée d'un manque d'objectivité. Les personnes qui en souffrent sont très critiques envers elles-mêmes, en exagérant leurs défauts et en minimisant leurs qualités. Cela les empêche de réaliser tout leur potentiel en tant qu'êtres humains uniques et irremplaçables.

Cette faible estime de soi peut être nourrie par des échecs passés ou par la recherche constante d'une zone de confort où tout est prévisible, mais peu excitant. Cette attitude peut également se projeter dans le domaine professionnel, où la peur de l'échec empêche de relever de nouveaux défis.

Cependant, cette attitude peut mener à des croyances limitantes telles que "je n'ai pas de chance", alors qu'en réalité, c'est la personne elle-même qui se conditionne avec une attitude négative face à la réalité. Pour sortir de ce cercle de négativité, il est important de se rappeler que chaque être humain peut, grâce à son intelligence, sa volonté et sa créativité, transformer les circonstances extérieures grâce à sa capacité à être résilient.

Quelles sont les autres caractéristiques d'une personne ayant une faible estime de soi ?

Par exemple, elle peut avoir du mal à accepter les compliments qu'elle reçoit et adopter une attitude méfiante envers ces messages positifs.

A certains moments, cette personne peut se comporter comme si elle recherchait l'invisibilité sociale, c'est-à-dire qu'elle se place en retrait pour ne pas attirer l'attention des autres.

Cette attitude est causée par la peur de l'échec et la peur de ce que les autres pourraient dire, décrite ci-dessus. La personne ayant une faible estime de soi se comporte comme si elle était un personnage antagoniste dans sa propre vie, au lieu d'être le protagoniste en majuscules du film de sa propre existence, à la recherche du bonheur.

Caractéristiques des personnes ayant une faible estime de soi.

Le niveau d'estime de soi varie tout au long de la vie. Il n'est pas linéaire et peut fluctuer en fonction des expériences et des situations. L'estime de soi est un élément crucial pour notre développement personnel et notre bien-être émotionnel. Il est donc important de reconnaître les symptômes qui indiquent un manque d'amour de soi.

La relation que nous entretenons avec nous-même est cruciale, car elle est le fondement de nos relations avec les autres. C'est pourquoi, dans ce chapitre, nous allons explorer les caractéristiques des personnes ayant une faible estime de soi, afin de les reconnaître et de s'analyser soi-même.

Principales caractéristiques des personnes ayant une faible estime de soi :

Une faible estime de soi peut causer de nombreux troubles psychologiques tels que la dépendance affective. Pour cette raison, nous allons énumérer les principales caractéristiques des personnes qui en souffrent.

Principales caractéristiques des gens ayant une faible estime de soi:

*   Ils sont indécis et ont des difficultés à prendre des décisions, en raison d'une peur exagérée de se tromper. Ils ne prennent une décision que lorsqu'ils sont complètement sûrs des résultats à 100%.
*   Ils ont une pensée négative envers eux-mêmes, se croyant incapables, ignorants et incompétents.
*   Ils ne valorisent ni leurs talents ni leurs possibilités, les sous-estimant ou les minimisant, alors que les autres les perçoivent comme importants et même exagérés.
*   Ils ont peur du nouveau et évitent les risques, préférant rester dans leur zone de confort.

- Ils sont très anxieux et nerveux, ce qui les amène à éviter les situations qui leur causent de l'angoisse et de la peur.
- Ils sont passifs et évitent de prendre l'initiative.
- Ils sont souvent isolés, timides et n'ont pas beaucoup d'amis.
- Ils ont du mal à partager leurs sentiments avec les autres.
- Ils évitent de participer aux activités menées dans leur centre d'études ou de travail.
- Ils ont peur d'être jugés ou évalués par les autres lorsqu'ils parlent de quelque chose.
- Ils dépendent beaucoup des autres pour accomplir leurs tâches ou mener à bien n'importe quelle activité.
- Ils abandonnent facilement avant de faire ou de commencer toute activité.
- Ils ne se sentent pas satisfaits d'eux-mêmes, pensant qu'ils ne font rien de bien.
- Ils ont du mal à connaître et à exprimer leurs émotions.
- Ils ont du mal à accepter la critique, se sentant comme n'étant rien.
- Ils ont du mal à reconnaître quand ils ont tort.
- Ils ressentent beaucoup de culpabilité lorsque quelque chose ne va pas.
- Ils cherchent à rejeter la faute sur les autres face à des résultats négatifs.
- Ils se perçoivent comme laids, ignorants et croient que tout le monde est meilleur qu'eux.
- Ils se réjouissent des erreurs des autres pour se sentir mieux dans leur propre peau.
- Ils ne se soucient pas de leur santé.
- Ils sont pessimistes, croyant que tout ira mal pour eux.
- Ils cherchent constamment l'approbation des autres, car ils manquent de confiance en eux-mêmes et ont besoin de validation constante pour se sentir valides.

- Ils ont tendance à être très critiques envers eux-mêmes et ont des exigences élevées envers leur propre performance.
- Ils ont également tendance à minimiser leurs réalisations et à s'attribuer la faute pour les échecs.

En somme, les personnes ayant une faible estime de soi peuvent présenter des caractéristiques telles que la manque de confiance en soi, la recherche constante d'approbation, la critique excessive envers soi-même, des exigences élevées et la tendance à minimiser les réalisations et à s'attribuer la faute pour les échecs. Il est important de reconnaître ces caractéristiques chez soi-même et de travailler sur l'amélioration de l'estime de soi pour augmenter notre bien-être émotionnel et notre développement personnel.

Comment améliorer l'estime de soi ?

La meilleure stratégie pour améliorer l'estime de soi consiste à apprendre à se percevoir de manière plus réaliste et acceptable. Il est inutile de passer d'une vision négative de soi-même à une vision complètement idéalisée ou illusoire. Il est préférable d'apprendre à relativiser les défauts et à accepter chaque caractéristique physique et psychologique, en comprenant qu'il y a des éléments que l'on peut modifier, d'autres que l'on peut améliorer et d'autres qui, par leurs caractéristiques naturelles ou leur étiologie, sont immuables. Si vous vous demandez comment améliorer votre estime de soi ou comment augmenter votre estime et votre sécurité, lisez ce chapitre. Vous y trouverez des techniques et des exercices pour transformer votre vie .

Comment Renforcer l'estime de soi ?

L'estime de soi est le fondement sur lequel une personne bâtit sa façon de se percevoir et d'agir. Elle est toujours présente et influence tous les aspects de la vie. Il est donc crucial de travailler sur l'estime de soi pour avoir une opinion de soi saine, stable et positive. Pour qu'elle soit une base solide et réaliste, il est nécessaire de comprendre les origines de l'estime de soi. Pour cela, vous pouvez suivre ces quatre étapes :

1. **Soyez conscient de vos pensées.** Pour améliorer votre estime de soi, vous devez d'abord être conscient de vos pensées à propos de vous-même, des autres et du monde en général. Ces pensées ou évaluations que nous faisons sur nous-mêmes, sur les autres ou sur les événements ont généralement une connotation négative ou positive selon notre système de croyances. Par exemple, si vous pensez souvent que vous n'êtes pas assez compétent pour réussir dans votre travail, cela peut avoir un impact négatif sur votre estime de soi. En étant conscient de cette pensée, vous pouvez commencer à prendre des mesures pour la changer.

2. **Reconnaissez vos croyances.** Pour améliorer votre estime de soi, vous devez ensuite examiner les croyances qui se cachent derrière ces pensées. Beaucoup de vos caractéristiques sont neutres, mais il existe des croyances enracinées qui agissent comme un filtre dans notre esprit. En observant la réalité objectivement et de manière neutre, notre propre filtre évalue négativement ou positivement ces caractéristiques. Par exemple, si vous croyez que vous devez être parfait pour être aimé, cela peut vous amener à vous évaluer négativement lorsque vous faites des erreurs. En reconnaissant cette croyance, vous pouvez commencer à la remettre en question et à la changer.

3. **Remettez en question vos croyances.** Une fois conscient de ces croyances qui vous font vous évaluer mal ou négativement, pour améliorer votre estime de soi, vous pouvez commencer à remettre en question ces croyances que vous avez acquises. Par exemple, si vous croyez que vous n'êtes pas assez compétent pour réussir dans votre travail, vous pouvez commencer à vous demander si cette croyance est vraiment vraie. Est-ce que vous avez vraiment des preuves que vous n'êtes pas compétent ? Est-ce qu'il y a des moments où vous avez réussi dans le passé ?

4. **Changez vos croyances.** À ce stade, après avoir remis en question ces croyances, vous pouvez vous demander si elles sont vraiment vraies pour vous ou non. Si elles ne le sont pas, vous pouvez les remplacer par des croyances plus objectives et vraies pour vous. Par exemple, si vous vous rendez compte que la croyance que vous devez être parfait pour être aimé n'est pas vraie, vous pouvez la remplacer par une croyance plus objective et vraie, comme "Je suis aimable et digne d'amour, même lorsque je fais des erreurs". En changeant cette croyance, vous pouvez vous sentir mieux à propos de vous-même et améliorer votre estime de soi.

Exercices pour améliorer l'estime de soi.

Pour augmenter son estime de soi, il est important de se connaître, de s'accepter et de prendre soin de soi, Pour y parvenir, il est nécessaire de développer sa conscience, de travailler sur sa connaissance de soi et de pratiquer l'autocompassion. Voici quelques exercices pour améliorer son estime de soi :

- **Utilise un langage non péjoratif.**

Pour améliorer son estime de soi, il est important d'éviter les mots qui ont des connotations négatives, tels que "stupide", "gros", "laid", etc. Ces termes, surtout lorsqu'ils sont utilisés de manière répétée, peuvent nuire à son estime de soi. Car ils peuvent renforcer des pensées négatives et des croyances limitantes.

- **Utiliser un langage précis.**

Il est important de ne pas exagérer ou embellir les traits négatifs, mais de se limiter aux faits. Par exemple, il serait plus précis de dire "certaines personnes me trouvent plus attirant (e) et d'autres moins, car j'ai des traits physiques qui plaisent à certaines personnes et d'autres moins, selon leur goût personnel" plutôt que "Je ne suis pas jolie pour les autres". Autre exemple : Il est préférable de dire "Je suis généralement d'accord avec les idées de mon mari" plutôt que "Je ne sais rien faire sans mon mari."

- **Utiliser un langage spécifique plutôt que général.**

Il est important d'éviter les termes généraux et de préciser les situations, il est recommandé de formuler les phrases de manière spécifique. Au lieu de dire "je déteste être seul", il est préférable de dire "j'aimerais être accompagné, mais parfois je suis seul à la maison". Voici un autre exemple : Au lieu de dire "Je suis toujours en retard", il est préférable de dire "Il m'arrive de ne pas arriver à l'heure prévue, je vais travailler pour améliorer ma gestion du temps." Cela permet de reconnaître que les problèmes ne se produisent pas toujours et pas avec tout le monde, ce qui peut aider à mieux comprendre et à gérer les situations. Et cela montre que vous reconnaissez qu'il y a un problème, mais que vous voulez y remédier plutôt que de simplement l'accepter comme une constante. Cela peut aider à reconnaître que les problèmes ne surviennent pas toujours et pas avec tout le monde.

- **Trouver des exceptions ou des contre-exemples.**

Par exemple, il est préférable de dire "Je manque de confiance en moi quand je dois danser, mais je me sens à l'aise dans d'autres situations sociales. Mon lieu préféré pour danser est..." plutôt que de dire "Je suis toujours timide quand il s'agit de danser, je n'ai jamais confiance en moi." Cela permet de se concentrer sur les situations spécifiques où l'on se sent moins à l'aise plutôt que de généraliser une insécurité à toutes les situations.

- **Pour éviter les étiquettes péjoratives.**

Il faut comprendre que les étiquettes ne définissent pas qui nous sommes en tant qu'individus, qu'elles exagèrent souvent nos défauts et qu'il est important d'être précis dans leur utilisation. Il ne faut pas oublier que l'on a plus de qualités que de défauts, même si cela ne nous semble pas être le cas, et de continuer à faire de son mieux.

Pour éviter les étiquettes péjoratives, voici quelques techniques et exercices pratiques qui peuvent vous aider à faire les changements nécessaires :

1. Le premier pas pour éviter les étiquettes péjoratives est de se rappeler que les étiquettes ne définissent pas qui nous sommes en tant qu'individus. Par exemple, si quelqu'un vous appelle "paresseux", cela ne signifie pas que vous êtes réellement paresseux en tant que personne. Cela ne fait que vous donner une étiquette qui peut être inexacte ou exagérée.

2. Les étiquettes exagèrent souvent nos défauts. Par exemple, si quelqu'un vous appelle "stupide", cela peut être exagéré car vous avez sûrement des qualités et des compétences qui montrent que vous n'êtes pas stupide.

3. Il faut être précis dans l'utilisation des étiquettes. Au lieu de dire "tu es stupide", il est préférable de dire "tu as fait une erreur" ou "tu n'as pas compris cette leçon". Cela est plus précis et plus constructif.

4. Il ne faut pas oublier que l'on a plus de qualités que de défauts, même si cela ne nous semble pas être le cas. Par exemple, vous pourriez vous sentir mal à propos de votre apparence physique, mais vous avez peut-être des qualités comme la gentillesse, la générosité ou l'intelligence. Il est important de se rappeler de ces qualités pour maintenir une image positive de soi-même.

5. Enfin, il est important de continuer à faire de son mieux, même si l'on se sent étiqueté de manière négative. Il est important de se rappeler que l'on peut toujours apprendre et grandir, et que l'on peut toujours améliorer les choses.

Exercice pratique :

- Tenez un journal de vos pensées quotidiennes, et notez chaque fois que vous vous étiquetez ou que vous étiquetez les autres.
- Essayez de remplacer chaque étiquette négative par une affirmation positive. Par exemple, au lieu de dire "Je suis trop

timide", dites "Je peux travailler sur mon assurance pour m'exprimer plus facilement en public".

- Essayez de vous rappeler vos qualités positives chaque fois que vous vous sentez étiqueté de manière négative.
- Demandez à des amis ou à des proches de vous dire quelles qualités peut-on se rappeler pour contrer les étiquettes péjoratives ?

Il peut être utile de se rappeler de qualités telles que l'énergie, la créativité, la patience, l'empathie, l'intelligence, l'écoute, la persévérance, l'optimisme, la résilience, le sens de l'humour, la générosité, la capacité à communiquer efficacement, etc. Cela dépendra de chacun et de ses propres qualités. Il est important de se rappeler que chacun a des qualités uniques et que ces qualités peuvent être utilisées pour contrer les étiquettes péjoratives qui peuvent nous être attribuées.

Exemple : Si quelqu'un vous étiquette comme étant "trop sensible", vous pouvez vous rappeler que cette sensibilité est en fait une qualité qui vous permet d'avoir de la compassion envers les autres et de comprendre les perspectives des autres.

Exercice pratique : Prenons une feuille de papier et écrivons nos qualités, nous pourrons nous référer à cette liste lorsque nous nous sentons étiquetés de manière péjorative, cela nous rappellera nos qualités et nous aidera à nous sentir mieux. Nous pouvons également partager cette liste avec des amis ou des proches pour qu'ils nous rappellent nos qualités lorsque nous en avons besoin.

Pour éviter les pensées tout ou rien.

il faut comprendre que tout le monde fait des erreurs et que cela fait partie de l'humanité, que l'on peut être parfaitement compétent parfois et moins compétent d'autres fois, et que l'on n'est jamais totalement incompétent. Il faut se rappeler que l'on fait bien notre travail et que les erreurs ne sont pas la fin du monde.

Pour éviter les pensées tout ou rien, voici quelques techniques qui peuvent vous aider à faire les changements nécessaires :

1. **Pratiquez l'auto-observation :** Il est important de prendre conscience de vos pensées tout ou rien lorsqu'elles se produisent. Vous pouvez utiliser un journal ou un enregistreur vocal pour noter vos pensées et vous aider à les identifier.
2. **Remplacez les pensées tout ou rien par des pensées plus réalistes :** Lorsque vous vous retrouvez à penser "je suis un échec" ou "je suis nul", remplacez cette pensée par quelque chose de plus réaliste comme "j'ai fait une erreur, mais cela ne signifie pas que je suis un échec" ou "j'ai des réussites et des échecs, mais cela ne définit pas qui je suis en tant qu'individu."
3. **Pratiquez la gratitude :** Il est facile de se concentrer sur les choses qui ne vont pas lorsque l'on a des pensées tout ou rien. En pratiquant la gratitude, vous pouvez vous concentrer sur les choses positives de votre vie et minimiser l'impact des pensées négatives.
4. **Faites de l'exercice :** L'exercice peut aider à réduire le stress et l'anxiété, ce qui peut réduire la fréquence des pensées tout ou rien.

   Exemple : Si vous avez un jour où vous faites beaucoup d'erreurs au travail, au lieu de penser "Je suis nul et je vais être licencié", vous pouvez vous rappeler que tout le monde fait des erreurs, que vous avez des réussites et des échecs, et que cela ne définit pas qui vous êtes en tant qu'individu. Et vous pouvez rappeler vous que vous faites bien votre travail et que les erreurs ne sont pas la fin du monde.

Exercice pratique :

- Utilisez un journal pour noter vos pensées tout ou rien lorsque vous les remarquez.
- Remplacez ces pensées par des pensées plus réalistes.
- Prenez le temps chaque jour pour écrire au moins 3 choses pour lesquelles vous êtes reconnaissant.
- Faites de l'exercice régulièrement de la pratique de l'autocompassion peut également aider à éviter les pensées tout ou rien. L'autocompassion consiste à se parler à soi-même avec bienveillance et compréhension, plutôt que de se critiquer durement.

Voici un exemple d'exercice pratique pour développer l'auto-compassion :

1. Trouvez un endroit calme où vous pourrez vous asseoir et vous concentrer sur vous-même.
2. Prenez une minute pour vous concentrer sur votre respiration et détendez votre corps.
3. Pensez à une situation dans laquelle vous vous sentez particulièrement dur envers vous-même, comme une erreur que vous avez commise.
4. Imaginez que vous parlez à un ami qui se trouve dans cette situation. Comment lui parleriez-vous avec bienveillance et compréhension ?
5. Maintenant, parlez à vous-même de cette manière. Dites-vous des choses comme : "Je comprends que tu te sois senti mal après cette erreur, cela arrive à tout le monde. Je suis fier de toi pour avoir essayé et pour avoir appris de cette expérience."
6. Répétez cet exercice chaque fois que vous vous sentez dur envers vous-même ou que vous remarquez que vous avez des pensées tout ou rien.

Il ne faut pas oublier que cela prend du temps pour développer de nouvelles habitudes de pensée, alors soyez patient avec vous-même et continuez à pratiquer régulièrement.

Lorsque l'on se surprend à faire des comparaisons.

Il est naturel de comparer notre propre vie à celle des autres, mais cela peut souvent nous laisser nous sentir insatisfait de notre propre vie et de nos propres réalisations. Cependant, il faut comprendre que tout le monde est différent, avec des qualités et des défauts différents. Les réussites et les échecs des autres ne définissent pas notre propre valeur en tant qu'individu.

Voici une étape par étape pour éviter de tomber dans le piège de la comparaison :

1. Reconnaissez lorsque vous vous surprenez à faire des comparaisons. Cela peut être difficile, mais c'est un pas important pour pouvoir y remédier.
2. Rappelez-vous que chaque personne est unique. Nous avons tous des qualités et des défauts différents, et il est important de se rappeler que cela ne définit pas notre valeur en tant qu'individu.
3. Faites attention aux faits. Il est facile de supposer les choses à propos des autres, mais il est important de vérifier les faits avant de tirer des conclusions.
4. Pratiquez l'auto-compassion. Cela signifie être bienveillant envers soi-même lorsque vous faites des erreurs ou lorsque vous vous sentez insatisfait de votre propre vie.
5. Trouvez de la gratitude. Pratiquez la gratitude en se concentrant sur les choses pour lesquelles vous êtes reconnaissant dans votre propre vie.

Exemple :

Imaginons que vous êtes en train de parcourir les réseaux sociaux et que vous voyez un ami qui a réussi à obtenir un nouvel emploi, alors que vous êtes toujours à la recherche d'un emploi. Au lieu de se sentir jaloux ou inférieur, rappelez-vous que chaque personne a des qualités et des défauts différents. Votre ami a peut-être eu de la chance ou des compétences particulières qui l'ont aidé à obtenir cet emploi, mais cela ne signifie pas que vous n'êtes pas aussi capable ou digne d'un emploi. Pratiquez l'auto-compassion et concentrez-vous sur les choses pour lesquelles vous êtes reconnaissant dans votre propre vie.

Exercices pratiques :

- Prenez quelques minutes chaque jour pour écrire une liste de choses pour lesquelles vous êtes reconnaissant.
- Lorsque vous vous surprenez à faire des comparaisons, rappelez-vous que chaque personne est unique.
- Pratiquez l'auto-compassion lorsque vous vous sentez insatisfait de votre propre vie ou lorsque vous faites des erreurs.
- Faites attention aux faits lorsque vous supposiez les choses à propos des autres.
- Essayez de vous concentrer sur vos propres objectifs et réalisations plutôt que de vous concentrer sur ce que les autres font.
- Faites une pratique de la méditation ou de la respiration consciente pour vous aider à vous concentrer sur le moment présent et à réduire les pensées négatives.
- Essayez de vous entourer de personnes positives et de se concentrer sur les personnes qui vous apportent de la joie et de l'inspiration plutôt que de se concentrer sur ceux qui vous font sentir inférieur.

Lorsque l'on se surprend à "deviner" ce que les autres pensent de nous :

L'une des principales techniques pour améliorer l'estime de soi est de se rappeler que l'on n'a aucun moyen de savoir ce que les autres pensent de nous, et de ne pas supposer le négatif . Pour mettre cette technique en pratique, voici un exemple d'exercice :

1. Prenez un moment pour vous asseoir tranquillement et réfléchir aux moments où vous avez "deviner" ce que les autres pensent de vous.

2. Pour chacun de ces moments, écrivez une phrase ou deux décrivant la situation et ce que vous avez "deviner"

3. Ensuite, pour chacune de ces situations, demandez-vous : "Est-ce que j'ai vérifié avec la personne si c'est vrai ce que je pense qu'elle pense de moi ?"

4. Si la réponse est non, prenez un moment pour réfléchir à une façon de poser cette question à cette personne de manière directe et non confrontante.

Faites cet exercice régulièrement, en vous rappelant que c'est une perte de temps d'essayer d'inventer ce que les autres pensent de nous et en vérifiant directement avec les personnes concernées.

Il faut comprendre que les opinions des autres ne définissent pas qui nous sommes et que c'est notre propre opinion de nous-même qui compte le plus.

Il y a d'autres exercices pratiques que vous pouvez faire pour améliorer votre estime de soi, comme par exemple :

- Faire une liste de vos qualités et de vos réalisations
- Se rappeler de ces moments ou vous avez réussi quelque chose
- S'entourer de personnes positives et encourageantes

- S'accorder un moment pour soi chaque jour pour se détendre et se concentrer sur ses propres besoins et désirs.

Pour améliorer notre estime de soi, il est important de se concentrer sur nos propres besoins et désirs. Cela signifie de se concentrer sur ce qui est important pour nous, et de ne pas se laisser distraire par ce que les autres pensent de nous. Pour mettre en pratique cette technique, voici quelques étapes à suivre :

- **Prenez du temps pour vous et pour réfléchir à vos propres besoins et désirs.** Cela peut signifier de prendre une marche seul, de tenir un journal intime, ou de simplement prendre quelques minutes de silence chaque jour pour vous concentrer sur vous-même.
- **Faites une liste de vos besoins et désirs importants.** Cela peut inclure des choses telles que passer plus de temps avec vos amis et votre famille, ou de vous concentrer sur votre carrière. Assurez-vous que cette liste est réaliste et réalisable.
- **Priorisez vos besoins et désirs en ordre d'importance.** Cela vous aidera à vous concentrer sur les choses qui sont les plus importantes pour vous.
- **Mettez en place des actions pour réaliser vos besoins et désirs.** Cela peut signifier de prendre rendez-vous avec un ami pour passer du temps ensemble, ou de chercher des opportunités de carrière qui vous intéressent.
- **Soyez réaliste dans vos attentes**. Il est important de se rappeler que les choses ne se passent pas toujours comme prévu, et que c'est normal. Il est important de s'adapter et de continuer à avancer.

Exemple : Si l'un de vos besoins est de passer plus de temps avec votre famille, vous pouvez mettre en place des actions pour réaliser ce besoin en planifiant des vacances ensemble, ou en organisant des repas de famille réguliers.

Exercice pratique: Prenez 15 minutes pour vous asseoir et réfléchir à vos besoins et désirs importants. Faites une liste de ces besoins et désirs et priorisez-les en ordre d'importance. Mettez en place des actions pour réaliser ces besoins et désirs, et rappelez-vous d'être réaliste dans vos attentes. Répétez cet exercice régulièrement pour vous aider à vous concentrer sur vous-même et à améliorer votre estime de soi.

Au cas où l'on se laisserait emporter par un raisonnement émotionnel :

Il est normal de ressentir des émotions fortes de temps en temps, mais il est important de ne pas se laisser emporter par ces émotions et de rester rationnel. Il est nécessaire de comprendre que nos sentiments ne sont pas automatiquement vrais et qu'il nécessaire de se méfier des sentiments soudains.

Pour gérer ses émotions de manière efficace, voici une étape par étape :

1. **Prêter attention à ses émotions :** Il est important de prendre conscience de ses émotions et de comprendre ce qui les a déclenchées. Si vous vous sentez triste ou nerveux, prenez le temps de réfléchir à ce qui a pu causer cette réaction émotionnelle.

2. **Identifier les pensées qui déclenchent ces émotions :** Une fois que vous avez compris ce qui a déclenché vos émotions, il est temps de chercher les pensées qui les ont causées. Par exemple, si vous vous sentez triste parce que vous venez de rater un examen, vous pourriez avoir des pensées telles que "Je suis nul" ou "Je ne suis pas assez bon".

3. **Analysez ces pensées :** Il est important de se demander si ces pensées sont vraies ou non. Il est également important de se rappeler que ces pensées ne sont pas automatiquement vraies.

4. **Trouvez des pensées alternatives :** Si vous avez identifié des pensées qui ne sont pas vraies ou qui sont négatives, il est important de trouver des pensées alternatives qui sont plus positives et réalistes. Par exemple, au lieu de penser "Je suis nul", vous pourriez penser "Je peux réussir si je travaille dur".

5. **Pratiquez ces pensées alternatives :** Il est important de pratiquer ces pensées alternatives pour qu'elles deviennent des habitudes. Plus vous les pratiquez, plus elles deviendront naturelles pour vous.

Exemple : Si vous vous sentez triste parce que vous venez de rater un examen, voici comment vous pourriez gérer ces émotions :

- Prêter attention à vos émotions : Vous vous sentez triste
- Identifier les pensées qui déclenchent ces émotions : Vous pensez "Je suis nul" ou "Je ne suis pas assez bon"
- Analysez ces pensées : Ces pensées ne sont pas automatiquement vraies, vous pouvez réussir si vous travaillez dur.
- Trouvez des pensées alternatives : Vous pouvez vous rappeler que vous avez réussi des examens précédemment et que vous pouvez réussir à nouveau si vous travaillez dur et prenez le temps de vous préparer.
- Pratiquez ces pensées alternatives : Il est important de se rappeler ces pensées positives et réalistes chaque fois que vous vous sentez triste ou découragé.

Exercices pratiques :

1. Prenez un carnet de notes et écrivez-y chaque fois que vous ressentez une émotion forte. Essayez de comprendre ce qui a déclenché cette émotion et notez les pensées qui vous viennent à l'esprit.

2. Pour chaque pensée négative ou irrationnelle que vous avez identifiée, trouvez une pensée alternative positive et réaliste. Essayez de les pratiquer chaque fois que vous vous sentez triste ou découragé.

3. Prenez le temps de vous détendre et de vous concentrer sur votre respiration chaque fois que vous vous sentez stressé ou anxieux. Cela vous aidera à vous calmer et à vous concentrer sur le moment présent.

En résumé, il est important de ne pas se laisser emporter par les émotions et de rester rationnel. Il est important de prêter attention à ses émotions, d'identifier les pensées qui les ont déclenchées, de les analyser et de trouver des pensées alternatives plus positives et réalistes. En pratiquant ces pensées alternatives, vous pourrez gérer vos émotions de manière efficace.

Techniques pour améliorer l'estime de soi :

Voici des exercices de confiance en soi pour une personne qui souffre de dépendance affective :

- **L'auto-affirmassions :** Cet exercice consiste à répéter des phrases positives à soi-même qui renforcent la confiance en soi. L'objectif est de remplacer les pensées négatives par des pensées positives. Par exemple, vous pourriez dire : "Je suis capable de prendre des décisions pour moi-même" ou "Je mérite d'être heureux". Pour mettre en pratique : prenez quelques minutes chaque jour pour répéter ces phrases à haute voix ou dans votre tête.

- **La visualisation** : Cet exercice consiste à imaginer une situation où vous vous sentez confiant et sûr de vous. L'objectif est de créer une image mentale de soi en train de réussir dans une situation donnée. Par exemple, vous pourriez imaginer vous-même en train de parler en public avec aisance et assurance. Pour mettre en pratique : prenez quelques minutes chaque jour pour fermer les yeux et visualiser cette situation.

- **La prise de décision :** Cet exercice consiste à prendre des décisions pour soi-même, même si elles sont petites. L'objectif est de renforcer la confiance en soi en prenant des décisions et en vivant avec les conséquences. Par exemple, vous pourriez décider de choisir le menu de votre prochain repas au lieu de laisser quelqu'un d'autre décider pour vous. Pour mettre en pratique : prenez des décisions pour vous-même chaque jour, même si elles sont petites.
- **L'expression de soi :** Cet exercice consiste à exprimer ses émotions, ses besoins et ses opinions de manière authentique. L'objectif est de renforcer la confiance en soi en étant authentique avec les autres. Par exemple, vous pourriez dire non à une invitation que vous n'avez pas envie de suivre. Pour mettre en pratique : prenez le temps de réfléchir à vos émotions, vos besoins et vos opinions, et exprimez-les de manière authentique aux autres.
- **Identifier ses propres besoins et désirs :** Cet exercice consiste à prendre du temps pour réfléchir à ce qui est vraiment important pour soi et à ce qui nous rend heureux. Il peut être utile de prendre un carnet de notes et de consacrer quelques minutes chaque jour à écrire sur ses propres besoins et désirs. En mettant ces pensées sur papier, vous pourrez commencer à mieux comprendre ce que vous voulez vraiment dans la vie et comment vous pouvez y parvenir.
- **Apprendre à dire non :** Pour certaines personnes, il peut être difficile de dire non aux autres, de peur de les décevoir ou de perdre leur amitié. Cet exercice consiste à travailler sur cette peur en apprenant à dire non de manière assertive mais respectueuse lorsque l'on ne se sent pas à l'aise avec une demande ou une proposition. Cela peut être pratiqué en utilisant des phrases comme "Je suis désolé, mais je ne me sens pas à l'aise avec cette

demande" ou "Je vous remercie de votre proposition, mais je préfère ne pas participer".

- **Se concentrer sur ses propres réussites :** Il est facile de se concentrer sur ses échecs et de minimiser ses réussites, surtout lorsque l'on souffre de dépendance affective. Cet exercice consiste à prendre du temps pour réfléchir à ses propres réussites et à les célébrer. Il peut être utile de consacrer quelques minutes chaque jour à écrire sur les choses que vous avez accomplies ces derniers temps et sur les raisons pour lesquelles vous êtes fier de vous. En se concentrant sur ses réussites, vous pourrez renforcer votre confiance en vous.

- **Pratiquer l'auto-compassion :** Pour certaines personnes, il peut être difficile d'être bienveillant envers soi-même. Cet exercice consiste à pratiquer l'auto-compassion en s'adressant des phrases de réconfort et de bienveillance à soi-même. Il peut être utile de consacrer quelques minutes chaque jour à se parler à soi-même de manière bienveillante, en utilisant des phrases comme "Je suis désolé que tu aies eu une mauvaise journée" ou "Je te comprends, ça doit être difficile pour toi".

- **Pratiquez l'auto-disclosure :** Cela consiste à partager des informations personnelles avec les autres de manière authentique. Cela peut aider à se sentir plus en sécurité avec soi-même et à construire des relations plus authentiques avec les autres. Exemple : Partager un secret ou une peur avec un ami proche. Choisissez une personne en qui vous avez confiance et partagez une information personnelle avec eux. Demandez leur réaction et notez comment cela vous a fait vous sentir.

Il est important de noter que ces exercices peuvent prendre du temps pour donner des résultats, et qu'il est souvent utile de les pratiquer régulièrement pour en tirer le plein bénéfice. Il est également important de se rappeler que la dépendance affective est un problème complexe qui peut avoir des causes profondes et qui nécessite souvent une aide professionnelle pour être résolu.

Activités pour améliorer l'estime de soi.

En plus d'appliquer les exercices et techniques psychologiques ci-dessus, vous pouvez effectuer d'autres activités pour améliorer l'estime de soi :

- **Faites des activités qui vous font vous sentir bien :** Trouvez des activités qui vous apportent de la joie et de la satisfaction, comme la marche, la danse, la peinture, la méditation, et faites-les régulièrement. Cela vous aidera à vous concentrer sur les aspects positifs de votre vie et à vous rappeler que vous avez des raisons d'être heureux et confiant.

- **Faites des activités qui vous font sortir de votre zone de confort :** Trouvez des activités qui vous poussent à sortir de votre zone de confort, comme parler en public, rencontrer de nouvelles personnes, ou tenter de nouvelles choses. Cela vous aidera à vous rappeler que vous êtes capable de faire face à des défis et à surmonter vos peurs.

- **Entretenir des relations sociales.** Entretenir des relations sociales est important pour augmenter son estime de soi. Il est conseillé de maintenir une vie sociale active et de s'enrichir grâce aux activités partagées avec les autres et aux relations avec les autres.

- **Faites une activité physique régulière.** Il est également important de pratiquer une activité physique régulière pour augmenter son estime de soi. En étant en bonne santé et en adoptant des habitudes alimentaires, de repos et d'exercice saines, on peut améliorer son bien-être. De plus, l'exercice physique augmente la libération d'endorphines, des substances produisant un sentiment de bien-être.

Voici quelques activités qui peuvent aider à améliorer l'estime de soi pour une personne souffrant de dépendance affective :

1. **Écrire ses propres louanges:** Prenez un carnet de notes et écrivez-y tous les jours une liste de choses pour lesquelles vous vous sentez fier(e) et capable. Cela peut inclure des réalisations professionnelles, des qualités personnelles, des talents, etc. L'objectif est de se rappeler ses propres réalisations et ses propres qualités, plutôt que de se concentrer sur l'approbation ou les opinions des autres.

2. **Exercice de gratitude:** Prenez le temps chaque jour de réfléchir à ce pour quoi vous êtes reconnaissant. Cela peut inclure des personnes, des opportunités, des possessions ou des expériences. L'objectif est de se concentrer sur les choses positives de la vie, plutôt que sur ce qui manque ou ce qui ne va pas.

   Exemple : Activité : Pratiquer l'auto-compassion Objectif : Apprendre à se parler à soi-même avec gentillesse et compréhension Exemple :

   1) Prenez un moment pour vous asseoir et vous détendre.
   2) Pensez à une situation dans laquelle vous vous sentez mal à cause de votre dépendance affective.
   3) Dites-vous à vous-même : "Je comprends que tu te sens mal, c'est difficile de ne pas recevoir de l'approbation des autres" ou "Je suis fier(e) de toi pour avoir pris soin de toi malgré ta dépendance affective"
   4) Répétez ces phrases plusieurs fois jusqu'à ce que vous vous sentiez mieux
   5) Pratiquez cette activité quotidiennement pour vous rappeler de vous parler à vous-même avec gentillesse et compréhension.

3. **Écrire ses réussites :** Consignez sur papier vos réussites, grandes ou petites. Cela vous aidera à vous rappeler de toutes les choses positives que vous avez accomplies dans votre vie et à vous sentir plus en confiance.

   Exemple : J'ai réussi à terminer mon projet de travail avant la date limite

   Comment le mettre en pratique :
   - ✓ Prenez un carnet ou un cahier
   - ✓ Ecrivez vos réussites chaque jour
   - ✓ Revoyez vos réussites régulièrement pour vous rappeler de vos accomplissements

4. **Pratiquer des activités qui vous plaisent :** Il est essentiel de prendre du temps pour soi et de faire des choses qui nous apportent de la joie et de la satisfaction. **Exemple :** J'ai passé une heure à peindre ce soir et cela m'a vraiment détendue

   Comment le mettre en pratique :
   - ✓ Trouvez des activités qui vous plaisent
   - ✓ Fixez-vous des temps pour les pratiquer régulièrement
   - ✓ Appréciez vos accomplissements et vos progrès.

Noter que l'amélioration de l'estime de soi est un processus continu qui nécessite de la pratique et de la persévérance. Il existe plusieurs activités qui peuvent aider une personne souffrant de dépendance affective à améliorer son estime de soi.

Qu'est-ce que l'amour-propre, son importance et comment le construire

L'amour-propre est un aspect fondamental de la personnalité de l'être humain car il conditionne le fonctionnement personnel à plusieurs niveaux. Il est important de favoriser sa construction et sa consolidation, tant au niveau individuel qu'au niveau social, pour contribuer à la formation de personnalités sûres et confiantes, dotées d'un haut niveau d'altruisme et d'empathie, qui favorisent des interactions sociales saines et solidaires. L'amour-propre est la perception de sa propre valeur, de sa dignité, qui pousse à agir pour mériter l'estime des autres. Il ne doit pas être confondu avec une opinion trop avantageuse de soi-même.

Dans ce chapitre, nous expliquerons ce qu'est l'amour de soi, son importance et comment le construire. Nous mettrons également en avant les aspects importants à considérer en matière d'estime de soi, ainsi que les moyens de promouvoir des niveaux élevés d'amour-propre.

Que signifie l'amour propre ?

Définir le sens de l'amour de soi n'est pas une tâche facile. Si nous nous tournons vers la littérature classique et actuelle sur le sujet, nous pouvons trouver de multiples conceptualisations et divagations à ce sujet. Voltaire, Nietzsche, Pascal, Rousseau, Espinosa, etc. sont quelques-uns des nombreux auteurs qui ont théorisé de différentes manières sur le sujet de l'amour-propre.

Dans beaucoup de ces explications, une distinction est généralement faite entre deux formes d'amour-propre, une forme positive qui ferait référence à l'amour de soi comme quelque chose de naturel et intrinsèque à l'être humain lié à son instinct d'autorégulation et de conservation, et un négatif, qui aurait à voir avec l'orgueil, l'égoïsme et la vanité. Dans ce chapitre, nous ferons référence aux caractéristiques de l'aspect positif, aux avantages qu'il présente sur la santé humaine et à la nécessité de le conserver ou de travailler pour l'incorporer / le récupérer pour guérir les blessures psychologiques et émotionnelles.

Qu'est-ce que l'amour de soi en psychologie

En psychologie, l'amour de soi correspond au concept d'amour-propre utilisé dans les approches plus philosophiques. L'amour-propre a été scientifiquement conceptualisé comme l'estime de soi. Il fait référence à l'évaluation ou à l'estimation qu'une personne a d'elle-même.

L'amour-propre ou l'estime de soi serait considérée comme "le jugement positif sur soi-même en ayant réalisé un cadre personnel cohérent basé sur les quatre éléments fondamentaux de l'être humain : physique, psychologique, social et culturel".

L'importance de l'amour de soi

Selon N. Branden, auteur de "Les six piliers de l'estime de soi", l'importance de l'amour de soi est cruciale. Il considère que la base principale de l'estime de soi est créée pendant l'enfance et l'adolescence, mais que les expériences et le travail personnel peuvent renforcer ou modifier notre vision de nous-mêmes.

Pour l'auteur, "l'estime de soi (haute ou basse) tend à générer des prophéties autoréalisatrices". En d'autres termes, la perception que nous avons de nous-mêmes est déterminée par nos expériences personnelles. Ces expériences conditionnent nos pensées, qui à leur tour influencent nos actions. Le résultat de ces actions renforce (ou crée, en cas d'incongruité) nos croyances personnelles, qui à nouveau conditionnent nos pensées et nos actions, et ainsi de suite.

C'est précisément là que réside l'importance du niveau d'amour-propre atteint :

L'importance du niveau d'amour-propre atteint réside dans les pensées et comportements que cela génère. Des niveaux bas d'estime de soi peuvent amener à des pensées négatives sur soi-même, ce qui peut ensuite conduire à des comportements autodestructeurs comme l'auto-boycott ou l'inhibition de certains comportements. Ces comportements vont alors confirmer les croyances initiales de faible estime de soi, créant ainsi une prophétie auto-réalisatrice.

A l'inverse, un niveau élevé d'estime de soi renforce nos schémas mentaux positifs et notre volonté d'agir de manière positive. Ces actions auront des résultats positifs qui confirmeront notre évaluation respectueuse de nous-mêmes.

Comment avoir l'amour de soi ?

Selon le psychiatre Enrique Rojas, il existe 9 clés qui déterminent un bon niveau d'amour-propre ou d'estime de soi :

1. **Jugement personnel :** il doit contenir les aspects atteints et ceux à atteindre, et le résultat de l'évaluation doit être positif.
2. **Acceptation de soi :** la personne s'accepte avec ses forces et ses faiblesses
3. **L'aspect physique :** la morphologie corporelle et les caractéristiques physiologiques sont acceptées et intégrées.
4. **L'héritage psychologique :** l'acceptation positive de sa propre personnalité (pensées, intelligence, conscience, langage verbal et non verbal, volonté, interprétation vitale, etc.).
5. **Environnement socioculturel :** il désigne l'environnement social dans lequel se développent les ressources de la relation interpersonnelle. Des relations saines sont révélatrices d'un niveau positif d'estime de soi ou d'amour de soi.
6. **Travail :** il est important que l'aspect travail soit une source de satisfaction personnelle qui nous permette de nous y consacrer avec engagement et, en même temps, de donner un retour positif sur cet engagement. Connaissez-vous l'échelle générale de satisfaction au travail ?
7. **Eviter l'envie et la comparaison :** cette action peut être une perte d'estime personnelle et se base sur des évaluations superficielles qui n'approfondissent pas des aspects personnels vraiment importants. Pour le contrer, il est important de se forger son propre projet de vie personnel qui soutient nos démarches vitales.
8. **Développer l'empathie :** c'est un symptôme de maturité personnelle qui permet d'appréhender les faits bien au-delà d'une appréciation subjective biaisée par des perceptions personnelles

9. **Altruisme :** il s'agit de donner aux autres par respect de soi. L'altruisme est le signe d'un haut niveau de maturité personnelle.

Un travail personnel dans la réalisation positive de chacun de ces aspects favorisera la consolidation d'une haute estime de soi qui profitera à notre santé, et donc à notre vie, à tous les niveaux.

Le véritable amour commence par l'amour de soi.

Il est facile de croire que l'amour romantique est le véritable amour, mais cela est faux. L'amour de soi est la forme d'amour la plus importante. Si vous ne vous aimez pas vous-même, vous ne pouvez pas vraiment aimer quelqu'un d'autre. La plupart d'entre nous ne s'aiment pas assez, nous sommes durs avec nous-mêmes et nous nous concentrons sur nos imperfections.

CE QUE VOUS AVEZ ÉTÉ DIT :

Dès le plus jeune âge, nous apprenons que nous ne sommes pas "assez" : pas assez bons, pas assez beaux, pas assez polis, pas assez intelligents, pas assez forts. Malheureusement, ces sentiments d'inadéquation sont principalement projetés sur les femmes, tant au sein de la société que de la famille. Et comment réagissons-nous à cela ? En devenant des perfectionnistes qui veulent être bons en tout, ou en nous repliant sur nous-mêmes et en nous effaçant.

Même à un âge plus avancé, nous nous accrochons inconsciemment à la barre très haute qui a été placée devant nous quand nous étions enfants. Cette barre se reflète dans notre situation à la maison et au travail. C'est justement cette image déformée, cet idéal inaccessible de perfection absolue, qui doit simplement sortir par la fenêtre. Mais le monde n'est pas parfait. Les marques et les entreprises profitent de nos incertitudes. Elles sapant notre estime de soi et nos idées sur ce qui est beau. Elles capitalisent sur notre doute de masse.

La plupart d'entre nous croient encore à ce qu'on nous a autrefois enseigné : que nous ne sommes pas assez bons comme nous sommes. Cette croyance nous garde petits. Maintenant, nous pouvons faire deux choses : soit nous accrocher à cette croyance, soit prendre un chemin différent. L'amour-propre peut être une superpuissance ici. Parce qu'avec cela, nous pouvons sortir de cette incertitude et apporter de vrais changements, pour nous-mêmes et pour les gens qui nous entourent.

Il arrive que les gens confondent l'amour de soi avec l'orgueil, l'égoïsme ou l'arrogance. Leur perception de l'amour de soi est erronée. Les personnes qui s'aiment véritablement sont tout le contraire : elles sont plus aimantes, plus compatissantes et plus généreuses.

Notre société ne cesse de nous faire croire que nous ne sommes pas assez bons, pas assez performants, pas assez minces ou pas assez riches. Il n'est donc pas étonnant que beaucoup d'entre nous éprouvent des difficultés à s'aimer et à s'accepter telles qu'elles sont. L'obsession de la perfection qui règne dans notre société a créé un idéal inatteignable pour nous. La réalité est que nous sommes tous humains et que personne n'est parfait. Nous sommes tous des individus merveilleux et uniques qui ont un rôle particulier à jouer dans le monde, un rôle que personne d'autre ne peut remplir.

La seule façon de grandir dans l'amour de soi est de se concentrer sur nos qualités plutôt que sur nos défauts. Au lieu de nous concentrer sur nos défauts et nos imperfections, nous devrions nous concentrer sur tout ce que nous faisons de bien et sur nos réussites.

Il est essentiel prendre conscience de nos qualités et de nous accorder un peu de temps pour nous. En permettant à l'amour de soi de se développer, nous nous rendrons compte que nous sommes plus heureux, plus épanouis et mieux à même d'aimer les autres de manière saine, sans craindre la dépendance affective.

Si nous voulons être solidement ancrés dans nos convictions et les mettre en pratique, il est nécessaire de commencer par soi-même. Il faut d'abord apprendre à s'accepter, puis à s'aimer. Pour cela, il faut se connaître soi-même. Si nous savons ce qui est important pour nous dans la vie, nous découvrirons ce que nous voulons changer et comment. Commencez donc par vous-même. Devenez qui vous êtes vraiment grâce à l'amour-propre et apprenez à vous accepter totalement. Ensuite, vous deviendrez plus fort et vous pourrez faire quelque chose de bien pour le monde.

- **Prenez soin de vous !**

Prenez soin de vous. Je veux dire par là que vous ne vous oubliez pas. Dans une vie bien remplie, on a tendance à mettre la priorité à l'extérieur de soi.

À quel point vous aimez-vous ? Ne pas s'oublier soi-même, c'est de l'amour. Prendre soin de soi, c'est de l'amour. Être loyal envers soi-même, c'est de l'amour. Se pardonner à soi-même, c'est de l'amour.

- **L'amour s'exprime dans des variations infinies.**

L'estime de soi est facile lorsque les choses que vous faites sont bonnes. Vous n'êtes testé que lorsque vous êtes critiqué, lorsque vous perdez le contrôle ou lorsque tout va mal. Dans quelle mesure pouvez-vous vous aimer alors ?

N'associez pas ce que vous faites à ce que vous êtes. Vous pouvez faire une erreur, mais vous n'avez pas tort. Vous faites une erreur en disant quelque chose au mauvais moment, mais vous n'êtes pas une erreur. Vous avez de nouvelles lunettes de soleil, mais vous n'êtes pas vos lunettes de soleil. En ne prenant pas une action personnellement, l'impact est moindre. Il est ainsi plus facile de voir ce que vous pouvez apprendre de la situation.

Ne pas lier ce que vous faites à ce que vous êtes et à qui vous êtes.

- **L'amour de soi est contagieux**

La beauté de l'amour (de soi), outre le fait qu'il se sent super bien, est qu'il est contagieux. Lorsque vous rayonnez que vous êtes bien (parce que vous pensez que vous êtes bien), vous déclenchez également un bon sentiment chez la personne avec laquelle vous êtes en contact. Tout le monde a de l'amour en lui, même si tout le monde ne peut pas toujours le laisser sortir.

Si vous adoptez un langage et une attitude négatifs, en vous plaignant ou en commettant des commérages, vous transmettez des émotions négatives à votre interlocuteur. Heureusement, cela fonctionne également dans l'autre sens. Lorsque vous êtes positif, vous faites également vibrer l'autre personne sur une fréquence positive. Si vous laissez couler votre amour, il se propagera automatiquement à l'autre personne également. Il est important de noter que cette réception dépend de la personne qui reçoit.

- **Connectez-vous à l'amour qui est en vous**

Connectez-vous à l'amour qui est en vous J'ai passé beaucoup de temps à me soucier de l'opinion des autres et de leur appréciation à mon égard. Pendant des années, j'ai cherché à plaire à tout le monde, simplement parce que je ne savais pas comment m'aimer et prendre soin de moi. La seule façon de changer cela est de renforcer votre amour de vous-même. J'ai dû apprendre à me donner de l'attention et de l'approbation.

Pour cela, j'ai commencé à tenir un journal intime : pendant une courte période, j'ai écrit tout ce qui me tracassait. J'ai également tenu un journal de bonheur où j'ai noté toutes les choses qui m'ont fait du bien, les bons moments, les compliments que j'ai reçus, les moments où j'ai aidé les autres, etc. Petit à petit, j'ai réussi à améliorer mes pensées et les convictions négatives que j'avais sur moi-même.

Commencez votre journée en prenant soin de vous et votre journée sera remplie d'amour. C'est parce que votre aura aura changé, attirant plus d'amour et de positivité. Bien sûr, cela ne garantit pas que tout se passera bien, mais cela rendra les situations difficiles plus supportables et facilitera leur résolution.

- **Commencez votre journée par l'amour de soi et votre journée sera remplie d'amour.**

Choisissez un moment fixe dans la matinée pour vous connecter à l'amour qui est en vous, par exemple sous la douche. Ensuite, pensez à un événement récent pour lequel vous êtes reconnaissant et ressentez les émotions que cette pensée vous procure. Agrandissez cette sensation en vous autorisant à vous sentir bien. C'est cela l'amour de soi.

- **Acceptation de soi.**

L'acceptation de soi est la conviction que vous êtes suffisamment bon en tant que personne. Sans cette conviction, vous cherchez la validation des autres. J'ai moi-même vécu cela pendant des années en cherchant à faire plaisir à tout le monde, en ne disant jamais non juste pour être aimé. Mais en vivant ainsi, vous laissez votre bonheur dépendre des autres, ce qui crée des relations inégales. Plus vous vous écoutez et prenez soin de vous, plus vous créez de l'amour de soi. Le résultat est une relation plus équilibrée avec les autres, et peut-être avec votre partenaire. De plus, l'acceptation de soi permet de se montrer plus compatissant envers soi-même, et donc de souffrir moins de culpabilité, de honte et de besoin de plaire aux autres.

Il y a une autre bonne raison d'accroître son amour de soi et son acceptation de soi : cela rend plus résilient et augmente son bonheur. Des recherches menées à l'université du Texas (Austin) montrent que les personnes qui acceptent leurs imperfections résistent mieux aux revers de fortune et se comparent moins aux autres.

- **Plus d'amour de soi.**

Si vous avez le sentiment que vous ne méritez pas l'amour, vous n'êtes pas en mesure de le recevoir. C'est votre croyance qui vous maintient là où vous êtes. Votre esprit croira toujours ce que vous vous dites et justifiera vos excuses.

« En laissant notre lumière briller, nous permettons inconsciemment aux autres personnes de faire de même. »

_ Marianne Williamson

Il n'est pas nécessaire de vous couvrir de compliments si cela vous semble difficile (mais vous pouvez le faire si vous le souhaitez). Dans tous les cas, cessez de vous dire des choses négatives. Si vous ne feriez pas une certaine remarque à quelqu'un d'autre, ne vous la faites pas à vous-même.

Voulez-vous aller plus loin dans l'amélioration de votre estime de vous-même ? Regardez-vous dans le miroir et nommez autant de points positifs de vous-même que possible. Ou demandez à un bon ami quels sont vos trois meilleurs traits de caractère. Acceptez ces informations comme étant vraies et ne les remettez pas en question. Cela pourrait mener à une conversation agréable et utile. N'être pas trop dur envers vous-même, car cela pourrait causer des tensions qui sapent votre volonté. Et c'est exactement ce dont vous avez besoin pour vous sentir bien dans votre peau.

Se concentrer sur les choses que vous avez bien faites ou dont vous êtes fier vous donne une vision plus positive de vous-même. Et oui, cela remplit également votre réserve d'amour de soi. Vous pouvez vous y référer lorsque vous vous sentez un peu moins bien. Vous saurez alors comment trouver ce dont vous avez besoin pour vous sentir mieux.

Vous attirerez dans votre vie des événements et des circonstances qui sont basés non seulement sur vos pensées et vos attitudes, mais aussi sur qui vous êtes. Cela signifie que plus vous vous aimez, vous appréciez et vous considérez comme digne et méritant, plus votre vie le reflétera. #La loi de l'attraction.

- **Votre affirmation peut être :**

Commencez votre journée en vous aimant et votre journée sera remplie d'amour. Choisissez un moment fixe dans la matinée pour vous connecter à l'amour qui est en vous, par exemple, sous la douche. Ensuite, pensez à un événement récent pour lequel vous êtes reconnaissant et ressentez ce que cette pensée fait à vos sentiments. Agrandissez cette sensation d'amour de soi en vous autorisant à vous sentir bien.

Voici quelques affirmations qui peuvent vous aider à renforcer votre amour de soi :

- ✓ Chaque jour, je deviens de plus en plus la personne que je veux être.
- ✓ La vie est comme un miroir, si vous lui souriez, il vous sourira en retour.
- ✓ Considérez-vous comme une personne unique et précieuse.
- ✓ N'essayez pas de vous comparer aux autres, cela revient à comparer des pommes et des poires.
- ✓ Décidez maintenant de vous tolérer, de vous accepter et de vous aimer davantage. Cela vous rendra plus attirant.

Apprendre à s'aimer et à se considérer comme quelqu'un qui en vaut la peine peut être difficile. Si vous vous sentez bloqué, laissez partir ce qui a été et acceptez où vous en êtes dans votre voyage. Soyez reconnaissant pour ce que vous avez maintenant. Faites confiance à votre cœur, vous verrez alors des possibilités et des solutions se présenter à vous. Bonne chance !

Partie IV : Après la rupture

Et du coup... tout est fini

Quelle sensation étrange que de se rendre compte que tout ce à quoi vous croyiez avec force est soudainement démoli en un instant ! C'est comme si vous étiez sur un bateau qui naviguait paisiblement sur des eaux calmes et que tout à coup, une tempête se lève, emportant tout sur son passage. Vous vous retrouvez à flotter à la dérive, incertain de ce qui va se passer, et surtout de comment vous allez vous en sortir.

Comment gérer ça quand un beau jour, l'autre personne vous dit qu'elle n'est pas convaincue de ce qu'elle ressent pour vous, qu'elle a des doutes et qu'elle a donc décidé de vous quitter ? C'est comme si on vous donnait un coup de poignard en plein cœur, vous laissant seul avec vos émotions et vos pensées. La douleur est insoutenable, vous vous demandez comment vous allez faire pour continuer à vivre sans cette personne qui était devenue si importante pour vous. Et pour couronner le tout, l'autre personne ne vous donne pas la possibilité de discuter, de chercher des alternatives, de comprendre si vous avez fait quelque chose de mal ou si une tierce personne s'est glissée dans votre histoire. C'est dur, c'est dur mais c'est la réalité, il faut l'accepter.

Sans plus attendre, vous vous réveillez deux jours plus tard, le cœur lourd et brisé. Cette personne que vous aimiez tant vient de vous quitter, laissant derrière elle un vide immense et des souvenirs douloureux. Elle vous informe qu'elle vous bloquera sur WhatsApp, pensant que cela sera la meilleure chose pour vous, pour éviter que vous n'ayez pas la tentation d'écrire et de vous accrocher à un amour qui n'est plus là. Mais peut-être vous dit-elle aussi de l'appeler quand vous en avez besoin et qu'elle vous aidera avec tout ce dont vous avez besoin. Elle ne veut plus continuer à écrire son histoire avec vous, mais vous savez que cela ne signifie pas la fin de votre histoire. Vous vous relevez, plus fort que jamais, déterminé à tourner la page et à aller de l'avant.

Il est possible que, dans les semaines qui suivent, cette personne ait complètement disparu de votre vie pour qu'elle puisse vivre la sienne. Ou il peut être très clair qu'elle veut que vous restiez amis. Elle vous dit que vous êtes si importants pour elle et qu'elle ne veut pas tout briser, mais est-ce vraiment sincère ? On dit toujours qu'en réalité, la personne qui prétend "vouloir rester amis" est celle qui rend le chemin de l'acceptation beaucoup plus difficile. Celui qui est abandonné de cette manière soudaine a tendance à nier la réalité de la situation. Il ne croit pas que cela soit vrai et reste paralysé dans la première phase du deuil : ***le déni.***

C'est étrange, mais dans ces situations, celui qui semble être le plus insensible et le plus cruel est en réalité celui qui nous facilite la tâche pour traverser notre deuil. La personne qui s'éloigne et qui disparaît nous envoie un message clair et sans détours : elle ne nous aime plus et préfère être loin, ne pas nous avoir dans sa vie. C'est dur à encaisser, mais si c'est la réalité, aussi douloureuse soit-elle, il faut l'accepter. Alors, que dois-je croire ? Les mots vides de cette personne ou ses actions qui montrent clairement qu'elle ne veut plus être avec moi ? Il est temps de passer à autre chose et de se concentrer sur soi-même.

De nombreux cœurs brisés se sont retrouvés dans cette situation, se sentant mutilés, comme si une partie d'eux-mêmes leur avait été arrachée et restant immobiles sans réagir, prétendant que tout va bien, que c'est juste une simple secousse mais qu'au bout d'un moment tout redeviendra comme avant. Mais la vérité, c'est que cela ne sera jamais plus comme avant. Il est temps de faire face à la réalité. Il est parti. Tout est fini. Si nous continuons à nous battre pour montrer au monde qu'il nous aime toujours et qu'il reviendra un jour, nous ne ferons que détruire notre dignité.

Il est temps de prendre les choses en main et de demander de l'aide. Ne pas accepter que ce soit fini est la seule chose qui peut vous aider à redéfinir vos objectifs et à commencer à les poursuivre. Ne restez pas immobile, à attendre que quelque chose change. Agissez maintenant et récupérez votre dignité.

"Je suis complètement abasourdie. Nous étions ensemble depuis neuf mois et tout était merveilleux. Il me traitait comme une reine, me faisait me sentir aimée comme jamais auparavant, désirée et reconnue. Et soudain, j'ai remarqué qu'il commençait à s'éloigner, à disparaître, à s'enfermer, jusqu'à ce qu'en quelques jours, il me dise qu'il ne va pas bien, qu'il ne sait pas ce qui ne va pas, qu'il a besoin de clarifier et que nous ferions mieux de nous séparer. Je suis complètement dévastée, je ne comprends pas... Je ne comprends rien du tout. Comment ses sentiments ont-ils pu changer radicalement de cette façon ? Je suis sûre qu'il m'aime, qu'il se rendra compte de ses sentiments dans quelques jours et que tout redeviendra comme avant."

Je suis persuadée que beaucoup d'entre vous se sentiront identifiés à cette situation. Beaucoup de gens sont comme ça. Il s'agit toujours de relations qui ont commencé soudainement et tout est allé trop vite, trop vite. Le plus souvent, celui qui finit par s'éloigner et demander du temps pour « s'éclaircir » est celui qui était le plus pressé de faire des pas en avant dans la relation. Curieux... non ? Mais attention, car il ne faut pas sous-estimer l'effet des émotions qui peuvent nous envahir et nous faire agir de manière impulsive. Et l'autre, peut-être qu'au début il n'avait pas tellement envie de courir, mais il se sentait tellement bien et tellement important avec tellement de reconnaissance qu'il a fini par abandonner et se laisser emporter. Il a tout cru, et quand il se retrouve soudain sans rien, il se sent mutilé, perdu, à la dérive. C'est un véritable choc émotionnel qui peut nous laisser dans un état de désarroi.

Lorsque cela se produit, l'anxiété et la tristesse que nous ressentons sont dévastatrices. Nous nous sentons totalement perdus, abandonnés et comme si on nous avait fait faire un tour. Ce sont des cas dans lesquels c'est assez fréquent, que l'on se fait piéger et ça nous coûte cher de s'assimiler et de se désengager de là. Mais il ne faut pas se décourager, car il est possible de sortir de cette situation et de retrouver notre équilibre.

C'est difficile pour nous de tourner la page et de laisser ça derrière nous, parce que nous restons coincés dans la pensée que c'était si merveilleux, que ce ne peut pas être que ce n'est pas vrai, que tout va s'arrêter là d'un coup. Mais il faut se rappeler que les choses ont une fin et il est important de se rappeler que la vie continue. Et nous préférons nous leurrer, en prolongeant notre triste agonie, plutôt que d'affronter la réalité une fois pour toutes et d'avancer avec dignité. Il est temps de se relever et de continuer à avancer. Il est temps de mettre fin à cette spirale de victimisation ! Nous sommes souvent inconscients de notre propre comportement, mais il est crucial de prendre conscience de cela pour pouvoir avancer. Oui, c'est difficile de couper les ponts avec quelqu'un que l'on a aimé, mais c'est nécessaire pour notre bien-être. L'autre peut se sentir coupable de nous voir souffrir, mais il ne se rend pas compte que chaque contact qu'il entretient avec nous nous fait souffrir encore plus. Nous ne pouvons pas continuer à nourrir nos espoirs en pensant au passé. Il est temps de prendre conscience de la réalité : **« il est parti. »**

Vous devez vous rappeler que les relations ne sont pas une science exacte, elles ne sont pas éternelles et il est important de comprendre que cela ne signifie pas que vous n'êtes pas digne d'amour. Il faut accepter cette douleur, cette incertitude, cette tristesse et continuer à avancer, à apprendre et à grandir. Ne vous accrochez pas aux mots vides de l'autre personne, ne vous torturez pas avec des "si" et des "mais". C'est un nouveau départ, une nouvelle opportunité de trouver quelqu'un qui vous mérite vraiment et qui vous aimera pour qui vous êtes vraiment.Nous devons accepter que la relation est terminée, et cela implique de faire un processus pour prendre conscience de tout ce qui s'est passé, d'assumer notre nouvelle réalité, et surtout de ne plus nous comporter en victimes impuissantes. Les relations ne fonctionnent pas toujours pour de nombreuses raisons, et si cela nous arrive, nous sommes parfaitement capables de faire face à cette situation. Il est temps de se réapproprier notre pouvoir, de se libérer de cette victimisation et de se concentrer sur notre propre bonheur !

Quand une relation se termine .

Terminer une relation est un passage incontournable pour chacun d'entre nous. Les raisons peuvent être variées, mais cela reste toujours difficile à vivre. Il y a souvent un mélange de sentiments de frustration, d'échec et de solitude. Il faut comprendre qu'il n'y a jamais de garanties dans une relation amoureuse. Chacun a sa propre histoire, ses croyances et sa façon d'être, et cela peut causer des conflits. Parfois, l'un des deux partenaires perd de vue ses propres besoins et aspirations, créant ainsi une dépendance affective. Il est également possible de s'apercevoir que l'autre n'est pas ce que l'on attendait, et de se retrouver dans une lutte épuisante pour le faire changer. Cela peut causer un épuisement physique et mental, et il est souvent nécessaire de prendre une décision pour sortir de cette situation.

L'infidélité est également un sujet délicat. Il n'y a pas de réponse absolue quant à savoir s'il faut pardonner ou non. Cela dépend de chaque personne et de sa capacité à surmonter cette épreuve. Il est possible que cela renforce la relation, mais il peut également être impossible de continuer ensemble.

Il faut réfléchir à ses propres besoins et à ceux de l'autre, et de ne pas se laisser emporter par la dépendance affective ou les attentes irréalisables. Mettre fin à une relation peut être difficile, mais cela peut également ouvrir la voie à de nouvelles opportunités et à une croissance personnelle.

Comment l'oublier, alors que je l'aime trop ?

Comment l'oublier, alors que je l'aime trop ? C'est une question que beaucoup de gens se posent lorsqu'ils se retrouvent confrontés à une rupture amoureuse. Il est vrai que lorsque nous aimons quelqu'un, même si nous n'avons jamais eu de relation à proprement parler, il peut être difficile de l'oublier. Mais il existe des moyens de surmonter cette épreuve.

- **Être amoureux :** c'est l'un des plus gros obstacles à surmonter lorsque nous aimons quelqu'un. Lorsque nous tombons amoureux, notre cerveau change, et nous nous retrouvons à être et à agir comme si nous étions quelqu'un d'autre. Nous pouvons faire presque toutes les folies pour cette personne sans même penser aux conséquences. Cela peut causer beaucoup de douleur et de frustration lorsque nous nous séparons d'eux.

- **Avoir passé beaucoup de temps avec elle :** lorsque nous passons beaucoup de temps avec quelqu'un et qu'elle fait partie de notre routine quotidienne, il peut être difficile de s'y habituer lorsque cette personne n'est plus là. Il est crucial de prendre le temps de se retrouver soi-même et de se sentir mieux dans sa peau.

- **Avoir eu beaucoup de choses en commun :** lorsque nous avons ressenti un lien très fort avec une autre personne, que nous nous sommes sentis facilement compris par elle et que nous avions beaucoup de choses en commun qui nous plaisaient, cela rend le lien qui nous unissait très fort. Il devient donc plus difficile de surmonter la fin de la relation.

- **Avoir encore des contacts avec elle :** lorsque nous essayons de l'oublier tout en gardant des contacts avec elle, il est plus difficile de l'oublier. Il est nécessaire de couper les ponts pour pouvoir avancer.

- **Suivre ce qu'elle fait :** lorsque nous avons cette personne sur les réseaux sociaux et que nous regardons constamment ce qu'elle fait ou ne fait pas, cela ne fait qu'entretenir notre douleur. Il ne faut pas se torturer en la suivant.
- **Avoir des amis en commun :** lorsque vous avez des amis en commun avec la personne qui vous plaît beaucoup, il est plus difficile de l'oublier, car elle sera toujours un sujet de conversation entre eux. Il est recommandé de se concentrer sur soi-même et de se rappeler que l'oubli n'est pas quelque chose qui se produit instantanément, mais plutôt un processus progressif.

Il est important de donner à notre cerveau et à notre cœur le temps de guérir et de se remettre de la rupture. Laisser aller les émotions, et ne pas les refouler est aussi important. Il est également essentiel de trouver de nouvelles activités pour remplir notre temps libre et de se concentrer sur soi-même et ses propres besoins. Il faut prendre en compte que l'on mérite d'être heureux et que l'on peut se reconstruire après une rupture, et que de nouvelles opportunités d'amour et de bonheur peuvent surgir. Il ne faut pas se refermer sur soi-même, de rester ouvert aux nouvelles rencontres et de ne pas se laisser définir par cette rupture. Il est important de se rappeler que l'on est fort et capable de surmonter cette épreuve.

Dans ce chapitre, nous vous expliquons comment oublier le passé et repartir à zéro.

Peut-on oublier quelqu'un qu'on aime vraiment ?

Peut-on vraiment oublier quelqu'un qu'on aime passionnément ? La réponse est oui, mais cela ne sera pas facile. La douleur que vous ressentez maintenant peut sembler insupportable, mais avec le temps, vous pourrez apprendre à vivre sans cette personne. Ce qui vous fait souffrir, c'est en grande partie les pensées qui envahissent votre esprit à chaque instant.

Vous pensez sans cesse à tout ce que vous avez vécu avec cette personne et cela vous empêche de vivre normalement, même si les choses vont bien dans votre vie. Pour surmonter cette douleur, voici quelques astuces pour oublier cet homme ou cette femme qui ne vous aime plus, mais qui restera à jamais gravé dans votre mémoire.

Les conseils pour oublier une personne qui ne vous aime plus :

Comment oublier une personne que l'on aime ? Lorsque nous tombons amoureux de quelqu'un, même la chimie de notre cerveau change et cela génère le sentiment de vouloir être avec cette personne tout le temps, nous avons l'impression que notre monde tourne autour d'elle et nous éprouvons deux fois plus de bonheur lorsque nous sommes à ses côtés. Mais que se passe-t-il lorsque cette personne ne vous aime plus ? C'est le contraire qui se produit, et ce grand bonheur peut vraiment devenir un cauchemar. Si vous vous trouvez dans cette situation, où l'idée de ne plus jamais revoir cette personne vous hante, et que vous ne savez pas comment oublier votre ex, voici quelques conseils sur la façon d'oublier une personne qui ne vous aime plus. Mais attention, car ces conseils pourraient vous mener à une révélation surprenante...

Voici quelques astuces pour vous aider à surmonter cette épreuve :

- **Prenez du recul :** Imaginez votre amour pour cette personne comme un feu de camp qui brûle de plus en plus fort. Pour éteindre ce feu, il faut prendre du recul et ne pas alimenter les flammes en pensant constamment à cette personne. Par exemple, vous pouvez vous éloigner physiquement en partant en vacances ou en prenant une pause de vos activités quotidiennes pour vous concentrer sur vous-même

- **Coupez les ponts :** Il est primordial de couper tout contact avec elle, au moins temporairement. Stop aux publications sur les réseaux sociaux, aux balades dans les endroits qu'elle fréquente, aux conversations régulières... Vous avez besoin de vous éloigner pour ne plus être envahi par ses souvenirs. Par exemple, vous pouvez bloquer son numéro de téléphone ou désactiver vos notifications pour ne plus être tenté de lui parler.

- **Prenez soin de vous :** concentrez-vous sur vous-même. Reprenez vos activités préférées, passez du temps avec les gens que vous aimez, faites tout ce qui vous fait du bien. C'est le moment de vous consacrer à vous, pas à elle. Par exemple, vous pouvez vous inscrire à un cours de yoga ou de méditation pour améliorer votre bien-être physique et mental.

- **Faites du sport :** boostez votre bien-être physique et mental en faisant du sport. Le sport vous aidera à décompresser, à vous sentir mieux dans votre corps et dans votre tête, et à oublier cette personne. Par exemple, vous pouvez vous inscrire à un cours de votre sport préféré ou de course à pied pour évacuer votre stress et vous sentir plus fort.

- **Faites de nouvelles activités :** Imaginez votre cœur comme un jardin qui a besoin d'être entretenu. Pour oublier cette personne, il faut planter de nouvelles fleurs et les entretenir en faisant de nouvelles activités qui vous passionnent. Par exemple, inscrivez-vous à un cours de danse ou de cuisine pour découvrir de nouvelles passions.

- **Entourez-vous de personnes positives :** Imaginez vos pensées comme des nuages dans le ciel. Pour oublier cette personne, il faut chasser les nuages sombres en vous entourant de personnes positives qui vous font rire et vous font du bien. Par exemple, vous pouvez organiser des sorties avec des amis ou des activités avec des personnes qui vous donnent des conseils et vous font rire, et non des personnes qui vous rappellent constamment cette personne ou qui vous font vivre dans le passé.

- **Parlez peu de cette personne :** Si vous avez besoin de parler de cette personne pour vous libérer, choisissez une ou deux personnes de confiance. Evitez de parler de cette personne à tout le monde, car vous risquez de vous rappeler d'elle à chaque instant et de mettre plus de temps à l'oublier. Il ne faut pas se replonger constamment dans les souvenirs et les émotions liées à cette personne en en parlant sans cesse. Cela est comme tenter de panser une plaie ouverte avec du papier de verre, cela ne fera qu'aggraver la douleur. Exemple : Vous pouvez vous fixer une règle de ne pas parler de cette personne pendant un certain temps, ou de ne le faire qu'avec des proches en qui vous avez confiance.

- **Débarrassez-vous des objets qui vous rappellent cette personne :** il est nécessaire de se défaire des objets qui vous rappellent constamment d'elle. Vous pouvez les ranger dans un endroit sûr, mais éloignez-les de votre vue pour ne plus être envahi par ses souvenirs. Garder des objets qui vous rappellent cette personne c'est comme garder des chaînes qui vous retiennent prisonnier du passé. Il est crucial de se libérer de ces objets pour pouvoir avancer. Exemple : Vous pouvez donner les objets à des amis, les vendre ou les jeter.

- **Donnez-vous du temps :** N'ayez pas de pression, l'oubli ne se fait pas du jour au lendemain. Donnez-vous du temps et soyez patient. Vous y arriverez ! Rappelez-vous que la guérison prend du temps. C'est comme si vous laissiez vos plantes pousser et grandir à leur propre rythme. Il est normal de ne pas oublier cette personne immédiatement, mais avec le temps, vous vous sentirez de mieux en mieux. Il faut aussi donner du temps à son cœur et à son esprit pour guérir et se remettre de cette relation. Exemple : Vous pouvez vous fixer une période de temps pour vous concentrer sur vous-même et vos besoins, comme prendre des vacances seul ou prendre du temps pour faire des activités que vous aimez.

- **Donnez une seconde chance à l'amour :** Imaginez votre cœur comme une graine qui a besoin de temps pour germer. Ne fermez pas la porte à l'amour, car il peut y avoir une autre personne qui vous convient mieux et qui est là pour vous faire pousser. Alors il est intelligent de ne pas fermer son cœur à l'amour à cause d'une mauvaise expérience. C'est comme planter un nouveau jardin après avoir brûlé l'ancien.

Est-il nécessaire d'avoir un partenaire pour être heureux ?

Est-il vraiment indispensable de trouver notre "moitié" pour être comblé de bonheur ? Depuis notre enfance, les contes de fées nous ont inculqué l'idée que le véritable amour est la clé du bonheur. Cependant, en grandissant, nous entendons encore et encore parler de cette fameuse "meilleure moitié" qui, sous-entendu, nous ferait sentir incomplets sans elle. Cette idée fausse et inconsciente, qui nous pousse à croire que nous ne pouvons être heureux sans un partenaire, doit être remise en question. Est-il réellement nécessaire d'avoir un partenaire pour être heureux ?

Pourquoi est-ce que je ressens le besoin d'un partenaire ?

Vous vous sentez peut-être triste et seul(e) sans un partenaire, mais il y a un secret qui pourrait tout changer. Vous croyez peut-être que certains de vos besoins ne sont pas satisfaits et que vous avez besoin de quelqu'un d'autre pour les combler.

Vous voulez savoir un secret ? Il y a quelqu'un qui peut combler tous vos besoins : vous-même. Le mythe de la moitié, l'un des mythes de l'amour romantique, nous a fait croire qu'il nous manque quelque chose sans un partenaire à nos côtés. Mais je vais vous révéler un autre secret : vous êtes déjà une pomme entière, vous n'avez pas besoin de quelqu'un pour vous compléter. Imaginez si vous investissiez le temps que vous passez à chercher un partenaire en vous-même. Vous pourriez vous sentir moins triste et plus satisfait de votre vie. Et qui sait, peut-être que vous découvrirez que vous préférez vivre sans partenaire.

Malgré tout, il est bon de mentionner qu'il peut y avoir des jours sombres, des jours où tout semble aller de travers. La vie est imprévisible, rien n'arrive comme prévu et parfois, vous vous sentez seul, comme si vous auriez voulu avoir quelqu'un à vos côtés pour vous écouter, vous réconforter. Mais attention, ne perdez pas espoir, car il existe une solution pour ces jours-là. Je vous suggère de dresser une liste des personnes qui comptent pour vous, celles en qui vous pouvez avoir confiance, et de les appeler. Dites-leur ce qui vous arrive, ce que vous ressentez, car elles seront là pour vous écouter et vous soutenir. Mais attention, cette liste doit être bien réfléchie, car elles seront vos alliés dans les moments les plus difficiles. Faites attention à qui vous faites confiance, car cela pourrait faire toute la différence.

Vous vous rappelez peut-être de cette idée qui nous a été vendue depuis notre plus jeune âge : être célibataire, c'est être seul. Mais est-ce vraiment le cas ? Imaginez que vous vous rendiez compte que le mythe de l'amour romantique qui nous a été imposé tout au long de notre vie n'est en fait qu'une illusion. Et si l'on découvre que l'on peut être totalement heureux sans avoir de partenaire ? Les amis, la famille, les collègues de travail peuvent remplir notre vie de bonheur et de satisfaction. Mais attention, il est important de ne pas se laisser piéger par cette idée et de ne pas sous-estimer la force de l'amour romantique. La réponse à la question "peut-on être heureux sans partenaire ?" est donc plus complexe qu'il n'y paraît.

Je suis très affecté par le fait de ne pas avoir de partenaire.

Mais qu'est-ce qui me pousse à ressentir cela ? Est-ce réellement la solitude ou est-ce le mythe de l'amour romantique qui m'a fait croire que je ne suis pas une personne complète sans quelqu'un à mes côtés?

Certaines personnes font état de dépression, de frustration et d'anxiété à l'idée de ne pas avoir de partenaire. Pour de nombreuses personnes, le fait de ne pas avoir de partenaire rend très difficile d'avancer dans leur vie quotidienne. Mais pourquoi est-ce si difficile ? Serait-ce parce que nous cherchons sans cesse et inlassablement un partenaire ? Est-ce parce que nous mettons tous nos espoirs dans chaque personne que nous rencontrons, avant de la connaître vraiment, en l'appelant notre partenaire pour satisfaire ce besoin créé par le mythe de l'amour romantique ?

Le mythe de l'amour romantique, vu dans de nombreux films depuis notre enfance, nous a fait croire que sans quelqu'un à nos côtés comme partenaire, nous ne sommes pas vraiment une personne complète, que c'est ce qui nous rendra vraiment heureux. Mais est-ce vraiment ce que nous voulons ? Est-ce vraiment ce qui nous rendra heureux ? Il est vrai que le fait d'avoir un partenaire, s'il s'agit d'une relation saine, peut nous rendre très heureux, mais pour trouver ce bonheur avec une autre personne, nous devons d'abord apprendre à être heureux avec nous-mêmes et à nous aimer d'abord. Et si nous arrêtions de chercher chez les autres ce que nous ne nous donnons pas ? Personne ne vous connaîtra jamais mieux que vous. Alors peut-être que c'est là que se trouve vraiment le bonheur, dans l'amour de soi et non dans l'amour romantique.

Comment surmonter le besoin d'avoir un partenaire ?

Vous vous sentez seul, frustré et anxieux à l'idée de ne pas avoir de partenaire ? Vous vous demandez comment surmonter cette envie de ne pas être seul ? Mais attention, car il y a un piège ! Vous pourriez être victime de vos propres croyances. Alors, comment s'en sortir ? Voici 4 points clés pour apprendre à vivre sans partenaire et être heureux sans partenaire. Mais attention, cela ne sera pas facile, car il faudra remettre en question tout ce que vous avez appris jusque-là...

1. **Voyez un partenaire comme un choix et non comme un besoin.** Imaginez-vous dans un état de doute constant, hanté par l'idée de ne pas avoir de partenaire. Vous êtes tourmenté par cette réalité, qui semble vous échapper. Mais il est important de prendre une pause et de regarder toutes les séries et tous les films qui traitent de ce sujet avec attention. Vous réaliserez alors combien de mythes de l'amour romantique sont en réalité nuisibles aux relations. Vous vous poserez alors la question : voulez-vous vraiment faire partie de ces mythes ou préférez-vous cultiver un autre type de relation basée sur la confiance ? Une relation où vous êtes vous-même et l'autre personne est quelqu'un d'autre, tous deux totalement autonomes et

indépendants, mais qui choisissent d'être ensemble parce qu'ils le veulent réellement. Voyez un partenaire comme un choix, pas comme un besoin. Mais attention, cette prise de décision peut être plus difficile qu'il n'y paraît...

2. **Appréciez ce que les personnes qui vous entourent ont à vous offrir.** Attention ! Il est important de ne pas sous-estimer ce que les personnes qui vous entourent ont à vous offrir. Réfléchissez bien à ce que vous recherchez chez un partenaire, car il se pourrait que vous ayez déjà tout ce dont vous avez besoin. Oui, c'est vrai ! Votre environnement peut vous donner des choses que vous recherchez chez un partenaire, comme la famille, les amis, les collègues ou les voisins. Mais attention, cela peut arriver sous une forme différente de celle d'un partenaire. Alors, arrêtez de vous concentrer sur ce que vous n'avez pas et profitez de ce que vous avez déjà. Vivez votre présent et appréciez les personnes qui vous entourent avant qu'il ne soit trop tard.

3. **Détectez et répondez à vos propres besoins.** Il est temps de découvrir ce qui vous manque réellement. Car si vous ne savez pas comment répondre à vos propres besoins, comment pourriez-vous espérer que quelqu'un d'autre le fasse ? Mais attention, cette quête de soi ne sera pas de tout repos. Il y aura des obstacles, des doutes, des incertitudes. Mais si vous êtes prêt à relever le défi, vous pourrez enfin découvrir l'amour de soi, la clé pour surmonter le besoin d'avoir un partenaire. Alors, êtes-vous prêt à vous lancer dans l'aventure ?

4. **Adopter des passe-temps.** Il est temps de découvrir ce qui vous manque réellement. Car si vous ne savez pas comment répondre à vos propres besoins, comment pourriez-vous espérer que quelqu'un d'autre le fasse ? Mais attention, cette quête de soi ne sera pas de tout repos. Il y aura des obstacles, des doutes, des incertitudes. Mais si vous

êtes prêt à relever le défi, vous pourrez enfin découvrir l'amour de soi, la clé pour surmonter le besoin d'avoir un partenaire. Alors, êtes-vous prêt à vous lancer dans l'aventure ?

5. **Faites une liste de compliments.** La tristesse et le besoin d'un partenaire peuvent souvent être causés par un manque de confiance en soi. Nous avons l'impression de ne pas être assez bien et donc de devoir avoir quelqu'un à nos côtés, mais en même temps, nous nous retrouvons seuls. Cependant, avec cette liste de compliments, vous pourrez renforcer votre estime de vous-même et réaliser que vous êtes tout ce dont vous avez besoin. Et en plus, vous pourrez transmettre cette confiance aux autres. Mais attention, si vous trouvez cet exercice difficile, ne vous inquiétez pas. Demandez à vos amis de vous aider en vous disant toutes les bonnes choses qu'ils voient en vous. Et pour aller encore plus loin, apprenez comment augmenter votre confiance en vous et quels exercices faire pour devenir plus confiant.

6. **La personne qui a causé votre douleur ne peut pas être celle qui vous guérit.** La personne qui vous a brisé le cœur, celle qui vous a fait souffrir, ne peut pas être celle qui vous répare. Pensez-y bien, car cette réalité est cruciale pour votre guérison. Mais attention, car cette réalité peut aussi être source de suspense, car vous ne savez pas qui pourrait vous réparer. Elle ne peut pas effacer les blessures qu'elle a causées, ni effacer les doutes qui vous rongent. Mais qui alors pourrait vous aider à guérir ? C'est à vous de le découvrir, mais attention, car cette quête peut s'avérer difficile et pleine de surprises. Si la relation vous fait du mal, ne vous y replongez pas. Ne faites pas marche arrière parce que vous avez peur d'être seule ou que vous ne savez pas comment vivre votre vie sans lui. Rappelez-vous que votre esprit avait de nombreux arguments pour une vie sans cette personne lorsque vous êtes parti. Mais attention, car ces arguments peuvent être remis

en question lorsque vous vous retrouvez face à elle, et que le désir de la retrouver prend le dessus. Que faire alors ? Suivre votre cœur ou votre raison ? La réponse est peut-être plus complexe qu'il n'y paraît, et c'est à vous de la découvrir, mais attention, car cette découverte peut être source de suspense.

7. **Tout ce que vous fuyez se répète.** Alors que le temps passe, les conflits se répètent, tels des fantômes qui hantent notre existence. L'humiliation, la méfiance, la piqûre d'une blessure qui n'a pas bien guéri, tout cela revient sans cesse nous hanter. Mais pourquoi ? Pourquoi ces mêmes erreurs se répètent-elles inlassablement ? Au-delà du principe de plaisir, il y a une raison plus profonde à cela. Chacun d'entre nous a sa propre pierre, sa propre source de douleur, sa propre blessure qui ne cicatrise pas. Et c'est cette pierre personnelle qui nous attire irrésistiblement, qui nous pousse à trébucher sur elle encore et encore. Peut-être que pour vous, cette pierre porte un nom humain, peut-être qu'elle prend la forme d'une relation spécifique. Peut-être que vous avez tendance à réagir de la même manière, à générer une dépendance émotionnelle et à rechercher l'amour d'une certaine façon, souvent auprès de cette même personne. Mais pourquoi ? Pourquoi cela se produit-il ?

   La réponse est simple : tout ce que vous fuyez se répète. Si vous ne réfléchissez pas et ne pensez pas à vos décisions ou à vos modes d'interaction, vous êtes condamné à continuer à faire les mêmes erreurs. Mais il y a une solution, une issue de secours : il faut affronter ces fantômes, il faut se regarder en face, il faut comprendre pourquoi nous répétons ces mêmes erreurs et apprendre à les éviter. Sinon, vous serez condamné à vous heurter à votre pierre personnelle encore et encore, à vivre dans un cycle de douleur et d'échec.

8. **Accepter le changement et aller de l'avant.** Il est temps de fermer ce chapitre, de tourner la page. Mais qu'est-ce qui se cache derrière

cette porte fermée ? Quels secrets, quels regrets, quelles blessures sont enfouis dans les pages passées ? Vous savez que vous devez avancer, mais la peur de l'inconnu vous paralyse. Vous sentez que vous ne pourrez jamais retrouver la stabilité et le bien-être que vous aviez avec cette personne. Pourtant, vous devez prendre ce risque, car l'incertitude est peut-être votre chance de construire une relation saine et épanouissante. Il est temps de se libérer de cet attachement dysfonctionnel, de se réinventer, de s'ouvrir à de nouvelles expériences et de nouvelles réflexions. Mais attention, car cette transition pourrait bien être plus douloureuse et plus incertaine que vous ne l'imaginez.

"Vous devez toujours savoir quand une phase arrive à son terme. Si nous insistons pour rester plus longtemps que le temps requis, nous perdons le bonheur et le sens des autres phases que nous devons traverser. Fermer les cycles, fermer les portes, terminer les chapitres - quel que soit le nom qu'on leur donne, il s'agit de laisser les événements passés dans le passé. **" - Paulo Coelho.**

Quand quelque chose est brisé à l'intérieur, rien n'est jamais pareil. L'incertitude vous envahit et vous laisse dans l'obscurité, vous ne savez pas comment réparer ce qui a été brisé. Lorsque vous êtes brisé, lorsque vous ressentez une douleur intérieure, vous aspirez à la stabilité et au bien-être que vous avez avec cette personne. Mais est-ce vraiment possible de retrouver cette stabilité ? Ou est-ce que cette personne n'est qu'un mirage, une illusion qui vous empêche de voir la vérité ? L'incertitude vous rend ironiquement certain que "tout est toujours mieux avec de la compagnie". Mais est-ce vraiment le cas ? Les relations qui dépendent d'un lien émotionnel sont construites sur un attachement dysfonctionnel. Mais est-ce que vous êtes prêt à prendre le risque de tout perdre en voulant retrouver cette stabilité ? C'est quelque chose que vous pouvez changer en ajustant constamment vos expériences et vos réflexions. Mais est-ce que cela vous mènera vraiment vers la paix intérieure que vous recherchez ? La réponse est cachée dans l'obscurité, prête à être dévoilée, mais êtes-vous prêt à affronter la vérité ?

Le changement peut être effrayant, mais c'est aussi nécessaire pour évoluer. Imaginez-vous en train de créer de nouveaux liens d'attachement tout en laissant aller certains anciens. Des expériences qui changent votre vie, qui modifient votre façon de voir les choses, de penser et de ressentir. Mais attention, car cela signifie également affronter la douleur et s'engager dans une nouvelle direction.

Résoudre vos problèmes émotionnels est un travail personnel, personne ne peut le faire à votre place. Pensez à cela comme à un exercice de développement personnel, et rappelez-vous que cela prend du temps et de l'effort. Dire adieu à quelqu'un peut sembler effrayant, mais cela signifie aussi laisser partir ce qui vous nuit pour vous concentrer sur ce qui vous enrichit. C'est prendre soin de votre propre valeur et de votre estime de soi.

Lâcher prise peut sembler effrayant, mais cela signifie aussi abandonner tout ce qui est lié à l'égoïsme et à l'absence injustifiée. Cela vous permettra de commencer une nouvelle phase de votre vie, de vous épanouir émotionnellement et de nourrir votre estime de soi. Mais attention, cela ne garantit pas le succès de votre relation. Il est important de se rappeler que tout changement implique un risque, mais cela en vaut la peine pour évoluer et s'épanouir.

Comment Tournez la page ?

La plupart des gens ont vécu ou vivront, au moins une fois dans leur vie, l'expérience dévastatrice d'avoir le cœur brisé. Personne n'est à l'abri d'une rupture. Elle peut provoquer des dommages psychologiques qui ont des répercussions multiples sur nous : dépression, insomnie, apathie, anxiété, pensées intrusives, etc. Mais quand vous vous retrouvez plongé dans cette situation, comment savez-vous quand il est temps de continuer votre vie ? Et surtout, comment pouvez-vous le faire ?

Lorsque nous sommes dans une relation, notre cerveau sécrète des hormones qui produisent du plaisir, du bien-être et du bonheur. Ils nous aident également à renforcer le lien avec notre partenaire. Mais que se passe-t-il lorsque cette relation se termine ? L'une des substances sécrétées est la dopamine, un neurotransmetteur qui nous renforce positivement, celui qui est responsable de la dépendance. Et c'est là que le véritable danger se cache : nous devenons dépendants de l'amour, de notre relation. Et lorsqu'elle prend fin, le robinet à dopamine qui nous procurait ce sentiment de satisfaction et de bien-être se ferme également. C'est alors que nous commençons à souffrir d'une sorte de syndrome de manque. Mais ce n'est pas tout, il y a aussi la douleur de la perte, car après tout, un lien qui était important pour vous vient d'être brisé. Comment surmonter cette douleur ? Comment continuer à avancer? Les réponses sont dans ce livre qui vous donnera quelques conseils clés pour savoir quoi faire pour se remettre d'une rupture.

La recherche d'une explication à la fin d'une relation est l'une des choses qui caractérisent les ruptures. Nous pensons qu'en comprenant pourquoi notre partenaire nous a quittés, nous pourrons nous en remettre plus facilement. Mais alors que nous cherchons désespérément une raison, un événement si dramatique et douloureux se produit. Et notre esprit ne peut accepter qu'il y ait une explication simple à une telle douleur. Cependant, notre quête de réponses peut nous amener à commettre des erreurs qui prolongent inutilement notre souffrance. Nous pouvons nous accrocher à l'espoir que notre ex reviendra, nous pouvons nous enfermer dans la tristesse, ou encore, nous pouvons nous venger en faisant des choses qui ne feront qu'aggraver notre douleur. Mais il y a un autre chemin. Un chemin qui peut nous aider à surmonter notre douleur et à guérir. Et c'est celui de la prise de conscience de nos erreurs, de notre vulnérabilité et de notre capacité à aller de l'avant. Car en fin de compte, c'est notre propre guérison qui nous permettra de surmonter cette rupture et de trouver l'amour à nouveau.

Nous essayons donc de nous remettre de la rupture, mais à chaque fois que nous croyons avancer, une force invisible nous attire vers le passé. Nous commettons alors des erreurs qui prolongent inutilement notre souffrance. Il s'agit, par exemple, de :

- En consultant leur Instagram ou d'autres réseaux sociaux, nous espérons trouver des réponses, mais nous n'y trouvons que des souvenirs douloureux.
- Rédaction de messages, consultation de leur dernière connexion, nous nous accrochons à l'espoir d'une réponse, mais cela ne fait qu'augmenter notre douleur.
- Vérifier s'il nous a lu ou s'il nous a laissé sur "vu", nous nous infligeons des tortures inutiles.
- Se souvenir des bons côtés de la relation, cela semble être une bonne idée, mais cela ne fait qu'empirer notre douleur.
- Penser et revivre les beaux et heureux moments, cela semble être une échappatoire, mais cela ne fait qu'empirer notre douleur.

Faire tout cela, c'est l'équivalent d'un junkie qui essaie d'obtenir plus de drogues pour surmonter ses symptômes de manque, mais qui s'enfonce de plus en plus dans la dépendance.

Les clés pour se remettre d'une rupture :

Vous venez de subir une rupture, et vous vous sentez perdu, dévasté, et peut-être même en colère. Mais ne désespérez pas, car il existe des clés pour vous aider à surmonter cette épreuve.

- **Fermeture et acceptation**. Pour vous remettre d'une rupture, il est crucial de fermer cette période de votre vie et de l'accepter. Cela signifie que vous devez accepter la raison de la rupture, qu'elle vous ait été donnée ou non, et cesser de chercher des explications qui ne feront qu'aggraver votre douleur. Mais attention, cela ne va pas être facile, car il y a toujours un risque que vous vous retrouviez dans une impasse.
- **Faites votre deuil.** Une rupture est une perte, la fin d'un lien qui vous était cher, et cela laisse un vide. Il est important de prendre le temps de ressentir et de gérer cette douleur pour pouvoir avancer. Mais attention, cela ne va pas être facile, car il y a toujours un risque que vous vous retrouviez dans une impasse.
- **Je veux aller de l'avant.** Pour vous remettre d'une rupture, il est crucial d'avoir la détermination de tourner la page et d'avancer dans votre vie. Vous pouvez le faire par vous-même, en lisant des livres sur la façon de se remettre d'une rupture, ou en demandant l'aide d'un professionnel. Mais attention, cela ne va pas être facile, car selon le type de relation que vous quittez, il vous sera peut-être nécessaire de vous concentrer sur certains aspects plus que d'autres. Et si vous ne faites pas attention, vous pourriez vous retrouver dans une impasse.

Comment se remettre d'une rupture de plusieurs années ?

Vous aviez votre vie ensemble, votre projet commun, vos rêves, vos attentes… mais un jour tout cela est brisé par une séparation imprévue. Vous vous demandez comment vous allez pouvoir vous remettre de cette rupture après tant d'années passées ensemble. Le futur semble incertain et vous vous sentez perdu. Mais attention, car il est nécessaire de ne pas sombrer dans la dépression, car il y a toujours de l'espoir.

Il est temps de prendre une décision, de se remettre en question et de se donner les moyens de se remettre de cette rupture. Apprendre à être seul, comme nous l'avons évoqué précédemment dans ce livre, est une étape cruciale pour se retrouver, sortir, faire des choses que l'on aime, rencontrer plus de gens, renforcer les liens avec ceux qui vous aiment et poursuivre autant que possible votre vie antérieure. Mais attention, car il y a toujours un risque de tomber dans une spirale de dépendance affective. Il faut donc être vigilant et ne pas se laisser envahir par les émotions.

Comment surmonter une rupture toxique ?

La société nous met la pression pour trouver notre partenaire idéal: elle nous "rejette" si nous sommes bizarres parce que célibataires et nous "récompense" si nous suivons la norme, elle nous donne l'impression de nous intégrer. Mais que se passe-t-il lorsque cette relation idéale se brise de manière toxique? La pression est telle qu'il n'est pas étonnant que nous ayons besoin de cette compagnie, que nous la recherchions et que nous nous y accrochions lorsque nous la trouvons. Mais c'est cet aveuglement qui nous empêche de voir les choses toxiques dans la relation, jusqu'à ce qu'elle se brise. Et lorsque cela arrive, la douleur est intense. Nous faisons toutes sortes d'erreurs en essayant de surmonter cette douleur. Mais il y a une chose importante à faire après avoir quitté une relation toxique : ne pas idéaliser la personne. Il est important de se rappeler en quoi la relation n'était pas bonne pour nous, de garder à l'esprit les choses qui nous ont blessé, celles qui nous ont dérangé, les habitudes que nous n'avons plus à gérer, etc. Sinon, comment pourrons-nous vraiment surmonter une rupture toxique?

- Rappelez-vous-en quoi la relation n'était pas bonne pour vous.

- Gardez à l'esprit les choses qui vous ont blessé, celles qui vous ont dérangé, les habitudes que vous n'avez plus à gérer, etc.

Combien de temps faut-il pour se remettre d'une rupture ?

Combien de temps faut-il pour se remettre d'une rupture ? La question reste en suspens, car il n'y a pas de réponse claire. A chaque personne sa propre expérience, et chaque relation est unique. Mais attention, car cette incertitude peut être source de stress et d'angoisse. Chacun a besoin de son propre temps et de son propre espace pour retrouver son équilibre, il est donc important de le respecter. Certaines personnes s'en remettent en quelques semaines, d'autres en quelques années. Mais le plus important est de se rappeler que la douleur est inévitable, mais la souffrance est facultative. Il est donc important de prendre soin de soi pour sortir de cette situation difficile. Mais attention, car le temps est un allié précieux, mais pas toujours suffisant. Il faut également être vigilant et ne pas se laisser envahir par la tristesse.

La séparation lorsqu'il y a des enfants ?

Un événement douloureux qui peut cacher des surprises inattendues, des conséquences imprévues. Les circonstances d'une séparation sont toujours complexes, mais elles le sont encore plus lorsque le couple a des enfants, car ce changement affecte également la situation familiale. Une situation qui mettra à l'épreuve la force de caractère de chacun et qui pourrait révéler des secrets inavouables.

En même temps, les enfants sont une source de force et de motivation pour essayer de maintenir une relation cordiale avec l'ex-partenaire, mais attention, ils pourraient également être utilisés comme des armes pour blesser l'autre parent. Comment surmonter une séparation quand il y a des enfants ? nous vous proposons des informations de qualité basées sur l'intelligence émotionnelle, mais attention, il se pourrait que ces informations soient utilisées pour manipuler la situation à son avantage.

Dans une situation de ce type, il est fréquent que les parents eux-mêmes ressentent un vertige émotionnel et s'inquiètent de cette nouvelle étape. Toute la famille passe par un processus d'adaptation au changement. Il est conseillé, en tant qu'adulte, d'avoir un soutien en dehors du noyau familial pour pouvoir partager avec ces personnes vos sentiments et vos doutes sur ce processus, mais attention, ces personnes pourraient être utilisées pour manipuler la situation à son avantage. Ce soutien extérieur est thérapeutique afin de vous aider à vous défouler et à réduire le stress, mais attention, il pourrait également être utilisé pour vous manipuler. En prenant soin de vous, vous évitez de transmettre votre propre malaise à votre enfant, mais attention, il se pourrait que cela soit utilisé pour vous manipuler.

> **1. Soyez patient et faites face à la situation avec calme.**

Vous vous trouvez face à une situation difficile, une rupture qui vous laisse avec un vide émotionnel et des questions en suspens. Mais ne vous précipitez pas, car le temps est votre allié. Peut-être que vous voyez votre ex-partenaire entretenir une relation cordiale et cela vous pousse à vous demander comment vous pourrez un jour arriver à la même chose. Mais sachez que le temps est nécessaire pour guérir les blessures et apaiser la souffrance. N'oubliez pas, cette période passera.

Vous devez également apprendre à vous habituer à cette nouvelle situation familiale, sans vous comparer constamment à ce qui était avant. Vous n'êtes plus un couple, mais vous êtes un parent responsable qui doit aimer ses enfants inconditionnellement et les éduquer avec des valeurs solides. Concentrez-vous sur les aspects liés à la prise en charge des enfants et fixez des objectifs communs. Cela peut vous aider à avancer dans cette période difficile. Mais attention, la véritable question est : combien de temps cela prendra-t-il pour que vous puissiez vous sentir vraiment remis ? Le temps est un facteur incontournable, mais il est important de se rappeler que chaque personne est unique et réagit différemment face à une rupture. Vous devrez peut-être affronter des obstacles imprévus avant de pouvoir vous dire que vous avez vraiment surmonté cette rupture. Suspense.

> **2. Développer des stratégies de communication.**

Il est temps de développer des stratégies de communication, car vous pourriez remarquer un changement d'attitude chez vos enfants, ou vouloir partager une évaluation avec leurs enseignants. La communication efficace est la clé pour maintenir une bonne relation entre les deux milieux les plus importants dans la vie d'un enfant : la maison et l'école. Mais attention, cela ne sera pas facile, il faudra être vigilant et être à l'écoute pour établir des ponts de dialogue entre les deux. Il est temps de prendre les devants pour garantir la réussite de vos enfants.

➢ **3. travaillez votre empathie et votre intelligence émotionnelle.**

Vous avez vécu une séparation douloureuse et vous ressentez un sentiment d'individualisme. Mais croyez-moi, la situation peut être réorientée en observant comment le bien commun améliore votre propre bien-être et celui de vos enfants. Pensez-y, si vos enfants se sentent mieux, vous vous portez mieux (et vice versa). Mais attention, ne commettez pas les erreurs universelles qui peuvent être regrettées plus tard.

Méfiez-vous des actions qui peuvent être le résultat de la colère. Par exemple, dire du mal de votre ex-partenaire à vos enfants. Si vous avez besoin de vous défouler, écrivez tout ce que vous avez besoin d'exprimer dans une lettre, mais attention, ne la lui envoyez pas, déchirez-la. Ce sont des actions qui peuvent causer des conséquences imprévues. Et surtout, travaillez votre empathie et votre intelligence émotionnelle. C'est un processus qui demande du temps et de l'effort mais cela vous permettra de mieux vous comprendre et de mieux comprendre les autres. Faites-le pour vous, pour vos enfants et pour le bien commun.

➢ **4. Cherchez une bonne thérapie**

Vous avez besoin d'aide pour surmonter cette épreuve difficile ? Demandez l'aide d'un professionnel. Un psychologue peut vous guider avec des suggestions et des recommandations concrètes concernant la situation familiale. Mais attention, cela peut aussi vous amener à découvrir des vérités insoupçonnées sur vous-même et sur votre relation passée. L'expert peut vous donner des conseils sur la manière de communiquer la séparation aux enfants et de surmonter la tristesse après une séparation. Mais est-ce vraiment la solution idéale pour vous ? Dans ce cas, il est conseillé de ne pas donner trop de détails aux enfants sur les raisons de la rupture. Mais est-ce vraiment la meilleure solution pour protéger vos enfants ? Réfléchissez bien avant de prendre une décision.

Comment faire face à une séparation avec des enfants adolescents ?

Une question qui peut s'avérer effrayante et complexe, surtout lorsque vos enfants se trouvent dans cette période de leur vie si délicate qu'est l'adolescence. Mais ne vous inquiétez pas, nous avons quelques conseils pour vous aider à naviguer cette étape difficile.

Gardez à l'esprit que la séparation de votre famille ne doit pas signifier un changement du rôle de votre enfant par rapport à la phase de vie dans laquelle il se trouve. Mais attention, car cette étape est pleine de surprises. Ils sont encore des adolescents, pas des adultes. Ils méritent donc de vivre cette période de leur vie avec les responsabilités qui conviennent à leur âge, mais il faut être prêt à toutes les éventualités.

- **Écoutez leur avis.** Il est important de renforcer l'écoute active afin d'entendre le point de vue de l'adolescent. Ne mettez jamais votre enfant dans la position de devoir montrer une plus grande préférence pour vous ou pour votre ex, mais attention à ne pas leur donner l'impression qu'ils sont le choix final.
- **Une séparation entraîne un changement inévitable dans sa propre situation familiale.** Toutefois, il est souhaitable que, dans la mesure du possible, l'adolescent n'ait pas à faire face à d'innombrables changements dans sa vie. Par exemple, les parents peuvent prendre des décisions efficaces pour s'assurer que la routine du jeune reste très similaire à ce qu'elle était avant la séparation, mais attention à ne pas trop s'accrocher à l'ancien pour ne pas étouffer l'enfant.
- **Autorité.** Il est vrai que l'adolescent peut souffrir de la séparation de ses parents, mais cela ne doit pas être une excuse pour une surprotection excessive. Il est important que les valeurs et les limites qui étaient présentes dans le style d'éducation adopté par la famille continuent à l'être à partir de maintenant, mais attention à ne pas trop être dur ou trop laxiste.

- **Partagez des moments de qualité avec vos enfants**. Continuez à créer de nouveaux souvenirs de famille. Il est important que le divorce ne soit pas un tournant brutal, mais une continuation de votre propre routine familiale. Mais attention à ne pas trop vous forcer à être heureux pour ne pas vous mettre en danger.

Il est conseillé de transmettre les informations sur la situation en équipe. De cette façon, vous pourrez peut-être éviter que la séparation ne provoque des changements brutaux et douloureux dans la vie de vos enfants adolescents. Mais attention, car cela ne signifie pas que les conséquences de la séparation ne seront pas présentes. Non, elles seront là, tapies dans l'ombre, attendant le moment propice pour surgir. Il faudra donc être vigilant et prêt à réagir en cas de besoin. Car il est important de rappeler que chaque personne réagit différemment face à une rupture, et que les réactions de vos enfants adolescents pourraient être imprévisibles. Il faudra donc être prêt à tout moment pour les accompagner dans cette épreuve difficile. Mais avec les bons conseils et la bonne attitude, vous pourrez peut-être les aider à surmonter cette épreuve, et à continuer à vivre leur adolescence en toute sérénité.

5 conseils pour faire face à une séparation ou un divorce.

Mais attention, ces conseils ne sont pas garantis pour vous sauver de la douleur qui accompagne généralement une séparation. Ils peuvent simplement vous aider à naviguer cette période difficile.

1. **Parlez aux personnes de votre entourage** qui ont déjà vécu une situation similaire, mais attention, cela ne signifie pas qu'ils vont vous donner les réponses que vous recherchez. L'avis de personnes en qui vous avez confiance peut être une référence utile qui peut vous éclairer à un moment où vous êtes peut-être très confus, mais il peut aussi vous mener dans une impasse.

2. **Prenez soin de vous.** La douleur de la séparation peut être si intense que vous remarquez comment ces émotions modifient votre propre humeur. Appliquez ce critère essentiel consistant à prendre soin de vous non seulement pour vous-même, mais aussi pour vos enfants. Vous avez besoin d'être bien, mais attention, cela ne garantit pas que vous allez vous sentir mieux.

3. **La séparation a des conséquences.** Cependant, il est conseillé de se rappeler ce qui a provoqué cette décision et d'être cohérent avec elle. De cette façon, au lieu de considérer la séparation en termes de négativité, vous serez en mesure de trouver un sens à la situation, mais attention, cela ne signifie pas que vous allez trouver la paix intérieure.

4. **Entretenez une amitié avec votre ex.** Il ne s'agit pas d'être votre meilleur ami et de lui faire part de vos confidences personnelles. Cependant, il est fortement recommandé qu'il soit une personne à qui vous vous confiez pour les questions qui vous concernent tous les deux. Votre ex a été une personne importante pour vous. Par respect pour l'amour que vous avez vécu tous les deux, vous pouvez essayer d'être à la hauteur de ce que cette histoire exige de vous, mais attention, cela ne signifie pas que cela va être facile.

5. **Vous pouvez former une belle famille**, si vous voulez vraiment tous les deux mettre de côté vos différences pour donner la priorité à ce qui est le plus important. Personne n'a dit que ce serait facile, mais cette façon d'agir est une manifestation d'amour qui peut aussi être vécue après la séparation grâce à l'humilité, la capacité.

Comment prendre ses distances avec son ex si on a des enfants?

Vous vous demandez comment prendre vos distances avec votre ex lorsque vous avez des enfants ? C'est une question qui revient fréquemment, surtout lorsque les couples ont des enfants ensemble. Mais attention, car il ne s'agit pas de pointer un doigt accusateur sur qui que ce soit. Les enfants ne sont pas la raison de votre séparation, ils en sont juste les victimes. Il est donc essentiel de prendre en compte leur bien-être et leur sécurité affective lorsque vous décidez de couper les ponts avec votre ex. Les enfants ont besoin de structure et de clarté, surtout en période de rupture. Il faut donc maintenir une communication efficace et de se mettre d'accord sur les modalités de garde et de visite. Mais attention, ne vous sentez pas coupable de cette situation, car elle n'est pas de votre faute. Vous et votre ex n'avez tout simplement pas réussi à vivre ensemble en harmonie, malgré la présence des enfants. Cependant, il est nécessaire de respecter la décision de votre ex de ne pas vous voir pendant un certain temps. C'est une étape nécessaire pour la guérison de toutes les parties concernées.

La question de savoir comment rompre le contact quand on a des enfants est complexe, mais il est possible de trouver une solution qui convient à tous. Mais attention, car il ne s'agit pas de pointer un doigt accusateur sur qui que ce soit. Les enfants ne sont pas la raison de votre séparation, ils en sont juste les victimes. Il faut comprendre que la priorité est le bien-être de vos enfants, et de faire preuve d'empathie et de compréhension envers votre ex.

Voici une liste de ce qu'il faut faire et ne pas faire pour prendre ses distances avec son ex lorsque l'on a des enfants :

- ✓ Respectez les demandes de votre ex en ce qui concerne la distance à maintenir entre vous.
- ✓ Vous devez Maintenir une communication claire et respectueuse avec votre ex lorsque vous devez discuter des soins et de l'éducation de vos enfants.
- ✓ Favorisez les arrangements qui maintiennent une structure stable et positive pour vos enfants.
- ✓ Faire preuve de maturité et ne pas impliquer les enfants dans les détails de votre rupture.

- ✓ Consultez un avocat ou un conseiller de famille pour discuter des arrangements les plus appropriés pour vous et vos enfants.
- ✓ N'utilisez jamais vos enfants comme moyen de pression ou de manipulation contre votre ex.
- ✓ Ne Parlez pas de vos problèmes de couple à vos enfants ou les impliquer dans vos conflits.
- ✓ Ne refuser pas de communiquer avec votre ex lorsque cela est nécessaire pour les soins et l'éducation de vos enfants.
- ✓ Ne refuser de coopérer avec les arrangements établis pour vos enfants.
- ✓ N'utiliser des termes désobligeants ou des commentaires négatifs à l'égard de votre ex devant vos enfants.

Maintenir une bonne communication avec votre ex pour assurer une éducation stable pour vos enfants malgré la rupture.

qui s'ouvre : celui de la co-parentalité. Et cela peut s'avérer être un véritable défi, surtout si vous avez des enfants. Les enfants peuvent être un véritable atout dans une relation, mais ils peuvent aussi causer des tensions, des frustrations et des conflits. Ils peuvent vous monter l'un contre l'autre, vous et votre ex. Et ils peuvent également vous rappeler constamment votre ex, même lorsque vous avez pris vos distances .

Mais comment gérer cela ? Comment garder une distance raisonnable avec votre ex, tout en étant un bon parent pour vos enfants ? Il n'y a pas de réponse facile, mais il y a des règles à suivre. Il est important de rester en phase avec l'éducation de vos enfants, de les protéger et de leur offrir la sécurité dont ils ont besoin. Il est également important de communiquer avec votre ex, de manière calme et rationnelle, pour éviter les conflits inutiles. Mais attention, ce n'est pas toujours facile. Il y a des moments où vous allez vous sentir frustré, où vous allez vous sentir trahi. Il y a des moments où vous allez vous sentir comme si vous étiez seul face à tout cela. Mais il faut tenir bon, pour vous et pour vos enfants. Car au final, c'est eux qui comptent le plus.

Prêter attention aux enfants.

La rupture avec votre ex peut être difficile, mais il est important de ne pas oublier les enfants. Vous devez faire l'effort de passer du temps avec eux, mais comment ? Peut-être que vous pouvez aller chercher vos enfants à l'école, mais est-ce possible ? Si cela est difficile, discutez avec votre employeur de la manière dont cela peut être organisé. Mais attention, il ne faut pas ignorer votre ex. Passez des accords clairs avec lui, mais sachez que prendre de la distance avec votre ex après la rupture est préférable. Est-ce possible ? Est-ce la meilleure solution ? C'est à vous de décider, mais attention à ne pas oublier les enfants dans tout cela. La rupture est difficile, mais il faut penser aux enfants avant tout.

Mais comment maintenir une distance avec son ex sans causer de dommages émotionnels aux enfants ?

C'est là que réside le véritable défi. Les recherches montrent que les enfants qui ne voient pas leur père régulièrement peuvent souffrir de troubles de l'attachement, de problèmes de santé mentale et de difficultés scolaires. Et pourtant, il est essentiel de prendre ses distances avec son ex pour préserver sa propre santé mentale et éviter les conflits inutiles. Alors comment faire la balance ? Il est important de discuter avec son ex et de convenir d'un plan de garde équitable qui permette aux enfants de voir leur père ou leur mère régulièrement, tout en respectant la distance nécessaire pour chacun des parents. Mais attention, cela ne signifie pas de mettre fin à tout contact avec l'autre parent. Il est important de maintenir une communication cordiale pour s'assurer que les besoins des enfants sont satisfaits. C'est un équilibre délicat, mais qui peut être atteint si chacun joue son rôle avec responsabilité et respect.

Et croyez-moi, lorsque vous réussirez à trouver cet équilibre, les conséquences émotionnelles pour les enfants seront moins lourdes à porter. Mais attention, un faux pas et les conséquences peuvent être dramatiques, alors réfléchissez bien avant d'agir.

L'étude de Fagan et Churchill (2012) révèle des chiffres effrayants. Imaginez, moins de la moitié des enfants vivant avec leur mère après un divorce ne voient pas leur père pendant une moyenne de 6 mois. C'est un laps de temps terrifiant qui peut avoir des conséquences émotionnelles durables sur les enfants. Et ce n'est pas tout, seulement 1 sur 6 enfants ont rencontré leur père une seule fois. Les pères divorcés semblent également s'intéresser moins à leurs enfants adolescents, laissant ces derniers seuls face à leur douleur et leur confusion. Il est temps de se poser les bonnes questions et de réfléchir à nos actions en tant que parents. Les enfants ne doivent jamais être les victimes de nos relations, il est de notre devoir et de notre responsabilité de veiller à leur bien-être émotionnel. Mais attention, car les conséquences peuvent être désastreuses si l'on ne prend pas les bonnes décisions. Mais attention, ces conséquences émotionnelles ne sont pas seulement le résultat de la rupture en elle-même, mais aussi de la manière dont les parents gèrent la situation. Pères et mères, il est de votre devoir de protéger vos enfants de tout dommage émotionnel, mais comment ?

Imaginez : Vous vous rendez compte que votre enfant ne parle plus à son père ou à sa mère depuis des mois, ou pire, qu'il refuse même de les voir. Votre cœur se serre à l'idée de la douleur qu'ils ressentent, mais comment faire pour réparer cela ? Il est temps d'agir, de prendre des mesures pour protéger vos enfants de tout dommage émotionnel, mais attention, un pas en avant peut en cacher un autre en arrière. Soyez conscients de cela, pères et mères, car les conséquences de vos actions peuvent être dévastatrices. Vous devez être stratégique, calculer chaque pas, pour éviter de faire plus de mal que de bien.

Rappelez-vous, vos enfants ne doivent jamais être les victimes de votre relation. Réfléchissez bien avant d'agir, car le temps est crucial et les conséquences peuvent être irréversibles.

Vous vous préparez à une rencontre cruciale avec votre ex. Vous voulez leur montrer à quel point vous avez changé, mais cela peut être un défi lorsque vous devez aller chercher ou amener les enfants chez votre ex. La frustration monte en vous lorsque votre ex ne semble pas remarquer vos efforts. Mais attention, ne laissez jamais le comportement de votre ex affecter votre état mental ou émotionnel ! Si vous montrez ne serait-ce qu'une seule fois que vous êtes frustré de faire tant d'efforts pour vos enfants et que votre ex trouve tout cela normal, vous risquez de tout perdre. Gardez votre calme et restez concentré sur votre objectif : montrer à vos enfants à quel point vous êtes un parent responsable et aimant.

Donc en résumé : Prendre ses distances avec son ex si l'on a des enfants : comment faire ?

Prendre ses distances avec son ex lorsque l'on a des enfants peut sembler difficile, mais voici quelques conseils pour y parvenir.

- **Conseil n°1 :** Montrez à votre ex que vous offrez à vos enfants un soutien émotionnel et une sécurité. Assurez-vous d'être toujours là pour eux, même si vous pensez que votre ex doit aussi prendre ses responsabilités. Cependant, attention à ne pas utiliser vos enfants pour obtenir l'attention de votre ex. Si vous attirez continuellement l'attention de votre ex en parlant de vos enfants, il saura que vous êtes toujours émotionnellement dépendant.

- **Conseil n°2 :** Montrez votre enthousiasme à la porte. La rupture est un fait et vous souhaitez prendre un peu de distance avec votre ex lorsque vous avez des enfants, même si vous aimeriez qu'il revienne. Voici mes meilleurs conseils : montrez votre enthousiasme en disant que vous avez passé un bon moment avec les enfants et demandez à votre ex comment s'est passée sa semaine, mais restez bref. Vos enfants raconteront leur histoire à votre ex s'ils ont passé un bon moment. Mais attention, une chose est très importante : n'utilisez pas vos enfants de la mauvaise manière pour obtenir l'attention de votre ex.

- **Conseil n° 3 :** Conseil n° 3 : attention à ne pas succomber aux provocations de votre ex ! Vous vous êtes engagé à offrir à vos enfants une sécurité et un soutien émotionnel. Mais qu'arrive-t-il si les réactions de votre ex sont inattendues lorsque vous lui présentez vos enfants ? Ne vous laissez pas perturber et restez calme, froid et respectueux, même si cela semble difficile.
- **Conseil n°4 :** ne tombez pas dans le piège de l'attention constante de votre ex. Comme je l'ai déjà mentionné, vos enfants ne sont pas responsables de votre rupture. Ne les utilisez pas pour attirer l'attention de votre ex. Montrez-lui que vous êtes capable de vous occuper seuls de vos enfants.
- **Conseil n°5 :** attention à ne pas vous attarder lors des allers-retours des enfants ! Il est tentant de discuter longuement avec votre ex lorsque vous allez chercher ou ramenez les enfants. Faites attention ! Suivez les conseils précédents et gardez les conversations courtes. Surtout si vous remarquez que votre ex est nerveux, cela signifie qu'il n'est probablement pas prêt à discuter avec vous. Respectez autant que possible la règle de non-contact et limitez les conversations aux sujets qui concernent uniquement les enfants. Mais attention, ne tombez pas dans le piège de la manipulation en cherchant trop d'attention de la part de votre ex. Il est particulièrement sensible à cela en ce moment, et il pourrait vous dire que vous n'êtes pas capable de vous occuper seul de vos enfants, ce qui aurait été l'une des raisons de votre rupture. Suspense garanti !

Rompre avec son ex si on a des enfants est-il vraiment possible?

Il y a des moments où l'on croit que la rupture est inévitable, mais que faire lorsque des enfants sont impliqués ?

Même si vous avez des enfants, ne pensez pas qu'une période de silence radio ne vous conviendra pas. Croyez-moi, cela peut être la clé pour faire comprendre à votre ex combien vous avez changé. Montrez dans les brefs moments où vous vous rencontrez combien vous avez changé et comment cela se voit dans votre façon de parler de vos enfants, de votre ex et de vous-même. Mais attention!

Dans cette situation, il est très important que vous limitiez vos conversations à des sujets qui ne concernent que vos enfants. Ne donnez jamais à votre ex l'impression que vous utilisez les enfants pour chercher à entrer en contact avec lui ou elle. Sinon, vous risquez de tout gâcher.

Montrez à vos enfants, indirectement ou directement, ce dont vous êtes capable dans votre rôle de mère ou de père. Vos enfants ont grandement besoin de vous en cette période difficile. Mais attention à ne pas les utiliser pour obtenir l'attention de votre ex.

Donnez-leur l'attention qu'ils méritent et profitez en même temps de l'attention qu'ils vous donnent. Mais attention à ne pas vous laisser envahir par vos émotions et à ne pas utiliser vos enfants pour obtenir l'attention de votre ex. Car cela pourrait causer des conséquences dramatiques.

En suivant ces conseils, vous pourrez prendre vos distances avec votre ex tout en maintenant une bonne relation avec vos enfants. Mais attention, car il y a une chose à ne pas faire : n'utilisez pas vos enfants pour obtenir l'attention de votre ex, car cela pourrait causer des problèmes à long terme.

Comment surmonter une rupture ?

Cependant, il ne faut pas oublier que la rupture n'est pas un accident, mais une conséquence de décisions qui ont été prises et des problèmes qui n'ont pas été résolus. Il faut donc se rappeler les moments difficiles, les luttes et les déceptions pour ne pas tomber dans le piège de la nostalgie. Mais attention, car il y a un moment où il faut se rappeler que la vie continue. Nous ne pouvons pas rester éternellement dans un processus de deuil, car cela nous empêche de continuer à vivre. Il est donc important de se fixer des objectifs, de se concentrer sur les choses positives et de se rappeler que de nouvelles opportunités s'ouvrent à nous. Et lorsque vous pensez que vous avez enfin tourné la page, attention à ne pas vous laisser surprendre par un élément qui pourrait remettre en question tout ce que vous avez traversé. Il est important de se rappeler que la douleur peut resurgir à tout moment, mais c'est à nous de décider si nous allons la laisser nous envahir ou si nous allons continuer à avancer.

La rupture est un moment difficile à traverser, mais il est essentiel de se rappeler que c'est un pas qui a été fait pour des raisons importantes. Vous vous êtes rendu compte que vous n'étiez pas heureux et que vous avez lutté jusqu'à ce que vous ne puissiez plus continuer. Mais qu'en est-il si c'est l'autre personne qui vous a quitté ?

Il est important d'accepter que cette personne ne vous aime plus, qu'elle ne veut plus être avec vous, et de se rappeler que cela renvoie à notre dignité et notre force intérieure pour retrouver notre propre sens. Mais quel est le prochain pas à faire ?

La réponse est simple : se recontacter. C'est grâce à notre estime de soi que nous pourrons avancer, nous souviendrons que nous sommes capables de surmonter cette épreuve et serons plus forts pour la prochaine relation. Nous aurons une idée claire de ce que nous voulons et ne voulons pas, et surtout, de la façon dont nous voulons être en couple.

Mais attention, pour ne pas refaire les mêmes erreurs, il est important de comprendre ce qui s'est passé, de regarder la situation sous un autre angle et de prendre du recul pour ne pas reproduire les mêmes schémas. Plus nous avons conscience de nous-mêmes et de notre expérience, plus nous saurons ce que nous voulons vraiment. Mais attention, cette prise de conscience ne sera pas facile, il faudra faire face à des émotions difficiles et douloureuses pour y arriver.

Comment surmonter la tristesse ?

La fin d'une relation peut être dévastatrice, tout semble s'effondrer sous nos pieds. Il est difficile de se remettre d'une rupture, que ce soit d'une histoire d'amour éphémère ou d'une relation de plusieurs années. Mais comment faire pour ne pas sombrer dans la dépression et l'anxiété ? Il est important de surmonter cette épreuve, de retrouver notre estime de soi et de continuer à avancer dans la vie. Mais attention, cela ne sera pas facile, il y aura des moments où l'on voudra retomber dans la tristesse, où l'on voudra se cacher sous la couette, mais il faudra se rappeler que la vie continue et que c'est maintenant qu'il faut se battre pour aller de l'avant.

Signes de dépression après une rupture.

Après une rupture, il est important de s'en remettre le mieux possible afin d'avancer dans la vie et d'éviter de tomber dans un cercle vicieux. Sinon, nous risquons de souffrir de "dépression post-rupture" ou de dépression amoureuse. Elle présente les symptômes et les caractéristiques suivants :

- **La peur :** Apprendre à vivre sans la personne que nous considérions comme si importante semble donner le vertige. Il est normal de ressentir une certaine peur et une incertitude quant à ce qui va arriver, on peut même considérer que c'est l'une des phases du processus de dépassement. Cependant, lorsque cette peur dure longtemps et nous empêche d'avancer, il est temps de la traiter psychologiquement.
- **Charge émotionnelle - culpabilité :** Nous cherchons toutes les raisons existantes qui peuvent expliquer la séparation avec une personne. "Pourquoi notre relation est-elle terminée ?" C'est une question très fréquente après une rupture. Parfois, nous prenons l'entière responsabilité des événements et nous nous rendons responsables de tout ce qui s'est passé. Lorsque tout ce poids pèse sur nous, cela produit un sentiment d'inconfort psychologique et diminue notre estime de soi.

- **Le rejet de soi :** Lorsque notre amour-propre est si dégradé, nous finissons par nous rejeter et nous détester. Cela peut devenir une spirale incontrôlable de haine de soi et doit être contrôlé à temps. L'essentiel est de réfléchir à la responsabilité réelle de nos actes. Tout n'est peut-être pas de notre faute, mais l'important est d'assumer notre part de responsabilité et d'œuvrer pour éviter que cela ne se reproduise à l'avenir.
- **Colère envers l'ex-partenaire :** Une autre façon de gérer l'inconfort de la rupture est de concentrer la colère sur l'ex-partenaire. Cela nous décharge de toute responsabilité et constitue un mécanisme pour protéger notre estime de soi. Ce n'est évidemment pas la meilleure façon de gérer nos émotions, car de cette manière, nous n'apprendrons pas de nos erreurs et nous les referons très certainement avec d'autres personnes.

La réponse est peut-être plus complexe qu'il n'y paraît. Car derrière cette question se cache un véritable d'écueil : la dépression post-rupture. Cette maladie mentale qui se manifeste par des symptômes tels que la peur, la culpabilité, le rejet de soi et la colère envers l'ex-partenaire. Mais comment savoir si l'on est atteint de cette maladie ?

Tout d'abord, il y a la peur. Apprendre à vivre sans la personne que l'on considérait comme si importante peut donner le vertige. Il est normal de ressentir une certaine incertitude quant à ce qui va arriver, mais lorsque cette peur dure trop longtemps et empêche d'avancer, il est temps de s'inquiéter.

Ensuite, il y a la culpabilité. Nous cherchons toutes les raisons existantes qui peuvent expliquer la séparation avec une personne. "Pourquoi notre relation est-elle terminée ?" C'est une question très fréquente après une rupture. Parfois, nous prenons l'entière responsabilité des événements et nous nous rendons responsables de tout ce qui s'est passé. Lorsque tout ce poids pèse sur nous, cela produit un sentiment d'inconfort psychologique et diminue notre estime de soi.

Enfin, il y a le rejet de soi et la colère envers l'ex-partenaire. Lorsque notre amour-propre est si dégradé, nous finissons par nous rejeter et nous détester. Cela peut devenir une spirale incontrôlable de haine de soi et doit être contrôlé à temps. Mais attention, concentrer la colère sur l'ex-partenaire n'est évidemment pas la meilleure façon de gérer nos émotions. Car de cette manière, nous n'apprendrons pas de nos erreurs et nous les referons très certainement avec d'autres personnes. Alors, êtes-vous prêt à affronter ces démons intérieurs pour surmonter la tristesse ? La réponse est peut-être plus proche que vous ne le pensez.

Comment se remettre d'une rupture ?

Comment se remettre d'une rupture ? C'est la question qui hante tous ceux qui ont vécu une séparation douloureuse. Mais attention, car derrière cette question se cache un véritable défi : celui de surmonter la tristesse, la colère, l'émotions qui peuvent nous envahir après une rupture. Comment faire pour se libérer de cette douleur ? Les clés psychologiques pour se remettre d'une rupture reposent sur la gestion des émotions et la protection de l'estime de soi.

Tout d'abord, il est nécessaire d'organiser et de gérer la cascade d'émotions qui accompagnent une rupture. Si nous nous sentons submergés par nos sentiments, nous finirons probablement par penser que nous ne pouvons rien contrôler autour de nous. Il est donc crucial de savoir identifier ces émotions avant qu'elles n'éclatent. Mais attention, car cela n'est pas une tâche facile, il faudra être vigilant et être capable de les nommer.

Par exemple, lorsque nous ressentons de la colère, il est important de se demander pourquoi nous la ressentons et si cela vaut vraiment la peine de s'accrocher à cette émotion. Mais attention, car cette étape est cruciale. La gestion des émotions est un processus complexe qui ne se fait pas du jour au lendemain. Il faudra de la patience et de la persévérance pour arriver à se remettre d'une rupture. Mais une chose est sûre, cet apprentissage nous servira d'outil pour gérer d'autres conflits dans la vie. Alors, prêts à relever le défi de la gestion des émotions ?

Renforcer l'estime de soi après une rupture

Une fois que nous sommes capables de contrôler nos émotions, nous devons apprendre à protéger et à travailler sur notre estime de soi. L'estime de soi joue un rôle crucial en générant une vision plus optimiste de la vie, en nous aidant à développer notre résilience et à prendre de meilleures décisions. Mais comment renforcer notre estime de soi après une rupture ? Voici quelques conseils :

✓ **La pensée positive :** il s'agit de renverser la situation, d'arrêter de penser que nous faisons tout de travers et de commencer à valoriser un peu plus nos décisions. Mais attention, cela n'est pas toujours facile. Il faut apprendre à se débarrasser de ses pensées négatives qui peuvent nous envahir après une rupture.

✓ **Acceptation de soi et réaffirmation de nos idées :** une étape cruciale pour savoir comment surmonter la tristesse après une séparation est de s'accepter soi-même. C'est essentiel pour une bonne santé mentale et pour pouvoir se remettre d'une rupture douloureuse. Mais est-ce vraiment possible ? Est-ce que tout le monde arrive à s'accepter après une rupture ?

✓ **Affirmations positives :** il est important de faire attention au langage que nous utilisons pour nous parler à nous-mêmes. Si nous nous attaquons toujours à nous-mêmes ou si nous pensons que nous ne sommes pas assez bons, notre estime de soi ne sera probablement pas renforcée correctement. Mais comment arriver à utiliser un langage positif avec soi-même ? Est-ce vraiment efficace ?

✓ **Des objectifs réalistes :** nous devons proposer de petits objectifs, des buts que nous pouvons atteindre à court terme afin d'avancer vers l'amélioration de soi. Se voir capable d'atteindre ces objectifs augmentera notre confiance en soi et, par conséquent, notre estime de soi. Mais comment choisir les bons objectifs ? Comment savoir si nous sommes réellement capables de les atteindre ?

Que faire après une rupture ?

Mais attention, cela ne signifie pas de se couper du monde et de s'enfermer dans sa bulle ! Il est important de maintenir des relations sociales et de se faire accompagner pour surmonter cette épreuve. Le fait de partager ses émotions et ses pensées avec des amis ou un professionnel peut s'avérer être un véritable atout pour se remettre sur pied. Et si vous vous demandez comment faire pour éviter de retomber dans les mêmes erreurs, la réponse est simple : apprenez de vos expériences ! Analysez les raisons de votre rupture, ce qui n'a pas fonctionné et ce que vous pourriez améliorer pour la prochaine fois. Mais attention, prenez bien le temps de vous remettre avant de vous lancer dans une nouvelle relation. Car si vous ne prenez pas le temps de vous guérir, vous risquez de reproduire les mêmes schémas, et de vous retrouver dans une situation similaire.

En résumé, il n'y a pas de réponse toute faite quant à la durée de la guérison après une rupture. Le temps ne guérit pas tout, mais il est essentiel pour se remettre sur pied et apprendre de ses erreurs. Mais attention, il ne faut pas non plus s'enfoncer dans sa solitude, car cela pourrait aggraver la situation. Il est important de maintenir des relations sociales et de se faire accompagner pour surmonter cette épreuve. Une chose est sûre, vous ne serez jamais totalement prêt à vous lancer dans une nouvelle relation, mais vous pourrez toujours être plus conscient de vos erreurs passées et vous préparer à les éviter à l'avenir. Le suspense est à son comble, car seul vous pouvez décider de la direction que vous souhaitez donner à votre vie après une rupture.

Comment savoir si vous êtes prêt pour une relation amoureuse ?

C'est la question cruciale à se poser après une rupture. Mais attention, la réponse n'est pas toujours évidente. Il faut prendre le temps de se poser les bonnes questions, de méditer sur ses émotions et ses sentiments pour savoir si on est prêt à recommencer une nouvelle histoire d'amour. Car attention, si vous n'êtes pas prêt, vous risquez de retomber dans les mêmes pièges émotionnels et de vous retrouver dans une situation similaire.

Comment être fort lors d'une rupture ?

Comment être fort lors d'une rupture ? C'est une question qui hante l'esprit de tous ceux qui traversent une séparation douloureuse. Mais attention, car être fort ne signifie pas ne pas ressentir la douleur, mais plutôt de savoir comment la gérer. Alors, comment faire pour ne pas sombrer dans la tristesse ?

Tout d'abord, il ne faut pas oublier que toutes les épreuves ont une fin. Vous avez échappé à des moments difficiles auparavant et vous pouvez le faire encore une fois. Mais cette fois, vous êtes plus fort, plus sage et plus expérimenté pour surmonter la douleur. Mais attention, car cette force ne sera pas acquise facilement, elle sera le fruit d'un long et douloureux processus de deuil. Cependant, il y a des moments où la douleur est si intense que l'on se sent à la limite de sombrer. C'est là que se cache le vrai suspense de la rupture, car c'est à ce moment-là que vous devrez faire un choix : abandonner ou continuer à lutter. Alors, qu'allez-vous choisir ? La déception et la tristesse ou l'espoir et la force ? La décision est entre vos mains, mais rappelez-vous que la vie continue et qu'il y a toujours une lueur d'espoir à saisir.

Ce qui se passe dans le cerveau après une rupture.

Mais qu'arrive-t-il réellement dans notre cerveau après une rupture? Le suspense plane, alors que les scientifiques découvrent les secrets cachés derrière les réactions émotionnelles dévastatrices qui accompagnent une séparation. Des études récentes ont révélé que lorsque nous tombons amoureux, des substances chimiques comme la dopamine et la noradrénaline sont libérées dans le cerveau, créant une sensation euphorique. Mais lorsque la relation se termine, ces mêmes substances sont retirées, causant une douleur physique et émotionnelle similaire à celle causée par une drogue. Et ce n'est pas tout. Les chercheurs ont également découvert que les zones du cerveau liées à la mémoire et à la récompense sont particulièrement touchées après une rupture. Les souvenirs partagés avec l'ex-partenaire peuvent devenir douloureux à revivre, tandis que le manque de récompense causé par la perte de la relation peut causer une dépendance émotionnelle. Mais il y a de l'espoir. Les scientifiques ont également découvert que le cerveau est capable de se régénérer et de se remettre des effets de la rupture, mais cela prend du temps et de l'effort. Il est important de prendre soin de soi, de se donner de l'espace pour guérir et de ne pas se laisser piéger par la dépendance émotionnelle.

La vérité sur ce qui se passe dans notre cerveau après une rupture est révélée, et elle est loin d'être réconfortante. Mais en comprenant les mécanismes cachés derrière nos réactions émotionnelles, nous pouvons apprendre à surmonter la douleur et à nous remettre sur pied.

Les émotions sont semblables à des vagues qui déferlent sur nous. Nous ne pouvons pas les empêcher de surgir, mais nous pouvons choisir lesquelles nous allons laisser nous envahir.

Le chagrin d'amour et le cerveau.

Plusieurs études montrent que lorsqu'une personne tombe amoureuse, les mêmes zones du cerveau sont activées que lors d'une rupture amoureuse, à savoir les zones qui génèrent l'attachement et le désir. Cela signifie qu'en plus de la douleur ressentie, une personne peut encore se sentir attachée à son partenaire. **John Cacioppo**, directeur du Centre de neurosciences cognitives et sociales de l'université de Chicago, affirme que nous sommes faits pour créer des liens émotionnels stables. Et il est incroyablement douloureux de briser ces liens lorsque la personne en qui l'on avait confiance nous a laissé tomber.

Les résultats d'autres études menées auprès de personnes ayant vécu une rupture amoureuse douloureuse montrent que lorsque le corps réagit à la douleur, il libère les mêmes hormones que celles qui provoquent le stress. Ces hormones affectent également le système digestif et le cœur. Si vous avez vécu une situation similaire, vous savez à quel point cela fait mal, mais vous savez aussi que la vie continue. Vos amis, votre famille, vos passions et vos ressources intérieures vous aideront à vous en remettre. Le processus de rupture d'une relation est comme tomber à nouveau amoureux, mais à l'envers. La réponse neuronale à la passion romantique est similaire dans les deux cas.

La force ne réside pas dans la capacité à résister avant de céder, mais plutôt dans la capacité à se relever après avoir cédé.

Le cerveau qui surmonte une rupture relationnelle.

Des recherches ont montré que, au fil de l'évolution d'une relation amoureuse, on idéalise de moins en moins la personne aimée. Cependant, après une rupture, ces sentiments réapparaissent. Le système de récompense du cerveau s'attend toujours à recevoir des signes d'amour. Lorsque notre cerveau ne reçoit pas la réponse escomptée, il réagit en activant encore plus fortement le système de récompense.

C'est cette exigence du système de récompense dans le cerveau qui pousse à agir de manière impulsive ou irrationnelle après une rupture. Ainsi, lorsque l'on écrit des lettres d'adieu ou que l'on recourt à des moyens désespérés pour reconquérir son ex, on réagit en fait au désordre chimique présent dans le cerveau.

Lorsque l'amour prend fin, cela fait mal. Cette souffrance physique, bien réelle, peut durer des mois mais fait partie du processus de guérison et de croissance qui se met en place après la rupture. Des scanners du cerveau de personnes souffrant de chagrin d'amour ont révélé une activité inhabituelle dans certaines parties du cortex préfrontal, la zone du cerveau impliquée dans l'expression de la personnalité, la prise de décision et la planification de comportements cognitifs complexes.

En d'autres termes, pendant que l'on est en deuil et que l'on pleure, les substances présentes dans le cerveau travaillent déjà à réorienter notre comportement, à équilibrer nos émotions et à remettre notre vie sur les rails.

Vous souvenez-vous de l'époque où vous pensiez ne pas pouvoir vivre sans eux ? Ecoutez, vous êtes toujours en vie.

Que peut-on faire pour surmonter un chagrin d'amour ?

✓ **Acceptez la situation.** Il y a de nombreuses situations dans la vie qui ne peuvent être changées et il est important d'accepter cela. Lorsque nous acceptons les événements qui se produisent, nous pouvons commencer à les surmonter.

✓ **Laissez partir cette personne.** Ne vous accrochez pas à ce qui ne peut être. Si cette personne ne veut pas être avec vous, il est important de la laisser partir, sinon vous risquez de tomber dans une obsession qui ne peut que causer des problèmes.

✓ **Prenez votre temps.** Ne perdez pas espoir. Il est normal d'avoir des moments de tristesse et de se rappeler cette personne, mais il est important de se rappeler que le temps guérit toutes les blessures.

✓ **Pleurez autant que vous en avez besoin.** Les larmes sont un excellent moyen de libérer toute la tristesse que nous ressentons. Nous nous sentirons plus calmes et apaisés lorsque nous aurons laissé partir toute notre douleur à travers ces larmes.

✓ **Faites des activités qui vous enrichissent.** Il est important de garder l'esprit occupé en faisant des activités que vous aimez, comme la lecture, l'écriture, la peinture, les sports ou les arts manuels.

✓ **N'essayez pas de prolonger le monologue interne autour de cette personne.** Il est normal de penser à cette personne lorsque nous traversons cette phase, mais il est important de ne pas s'y attarder et de continuer à avancer.

✓ **N'écoutez pas de musique triste.** Écouter de la musique qui vous rappelle des souvenirs avec votre ex peut vous plonger dans la victimisation et la dépression, ce qui n'aidera pas à avancer dans la vie.

✓ **Réfléchissez et pardonnez.** Utilisez la douleur pour apprendre de vos erreurs. Acceptez-la comme une expérience supplémentaire qui vous a aidé à grandir. Pardonnez-vous et pardonnez à cette personne si vous vous êtes blessés mutuellement. La douleur ne fait de bien à personne, à la fin elle vous fait du mal.

- ✓ **Appuyez-vous sur les personnes que vous aimez le plus.** Dans ces moments, il est important de s'entourer de personnes qui vous aiment vraiment. Un câlin, des rires et une conversation peuvent vous réconforter.

- ✓ **Commencez à zéro.** La douleur est partie, l'ardoise est propre, la vie continue et il y a d'innombrables merveilles à vivre. Coupez tout contact avec cette personne. Ne lisez pas ses emails, jetez toutes ses photos. Parfois, il est nécessaire de s'éloigner le plus vite possible pour pouvoir oublier. Peut-être que dans le futur vous pourrez être amis, peut-être pas. Mais pour l'instant : si vous voulez oublier, vous devez vous débarrasser de tous les souvenirs.

- ✓ **Aidez-vous en écrivant.** Souvent, écrire ses sentiments est un bon moyen de se libérer d'un fardeau. Il y a même des gens qui s'écrivent une lettre à eux-mêmes, qu'ils brûlent ensuite. C'est un acte symbolique qui a une signification pour nous : nous nous éloignons de cette relation et la laissons derrière nous.

- ✓ **Prenez mieux soin de votre santé que jamais.** Lorsque nous sommes tristes, notre système immunitaire est affecté. Veillez à avoir une bonne alimentation ; ne l'oubliez pas et ne cédez pas aux envies de chocolat ou de sucreries.

- ✓ **Si votre partenaire** vous a quitté pour une autre personne, ne vous comparez jamais à cette dernière. Les comparaisons sont inutiles. Cette phrase résume parfaitement la situation.

- ✓ **Rencontrez de nouvelles personnes.** Souvent, nous nous rendons compte que nous avons tellement centré notre vie sur lui ou elle que nous n'avons pas remarqué les innombrables personnes merveilleuses qui existent dans le monde. Il ne s'agit pas seulement de partenaires potentiels, mais aussi d'amis, de personnes avec lesquelles on peut avoir une bonne conversation et passer un bon moment, avec lesquelles on peut rire et faire des blagues.

✓ **Lisez un article ou un livre qui peut vous aider**. Nous espérons que ce livre pourra vous aider si vous vous trouvez dans une telle situation. Le moins que l'on puisse faire est de vous donner toute la force et les encouragements du monde.

Comment être fort en cas de rupture ?

- **Ne vous repliez pas sur vous-même :** Après une déception dans une relation, il est tentant de ne plus faire confiance aux autres. Cependant, se replier sur soi ne fait qu'aggraver la situation. Pour être fort lors d'une rupture, il est important de s'entourer de ses amis et de sa famille. La compagnie de personnes aimées peut apporter des émotions positives et permettre de retrouver une perspective sur la vie, en se rendant compte qu'on a de la chance de pouvoir compter sur leur soutien.

- **Ne vous apitoyez pas sur vous-même :** Il est important de ne pas se considérer comme la victime d'un drame lors d'une rupture. Plus on accepte les choses telles qu'elles sont, plus on se sent fort. Il ne faut pas perdre de temps à espérer que l'ex reviendra ou appellera, car il a déjà quitté notre vie. Il est donc important de passer à autre chose.

Comment être émotionnellement plus fort en amour ?

Si vous vous demandez constamment comment devenir plus fort émotionnellement en amour, c'est probablement parce que vous avez vécu des situations difficiles dans vos relations amoureuses où vous avez été endommagé émotionnellement et que vous vous sentez incapable d'éviter de ressentir cela lorsque vous rencontrez une autre personne. Si c'est le cas et que vous avez tendance à souffrir plus qu'à profiter lorsque vous êtes dans une relation, cette situation peut changer pour vous si vous le souhaitez. Il existe des actions que vous pouvez entreprendre pour vous sentir enfin plus libre et avec un plus grand bien-être général, ce qui vous aidera non seulement à vous sentir plus fort émotionnellement en amour, mais aussi dans d'autres domaines de votre vie. C'est pourquoi, je vous propose une série de conseils utiles pour devenir plus fort émotionnellement en amour, qui peuvent également vous aider dans d'autres domaines de votre vie.

Pourquoi vous sentez-vous émotionnellement faible en amour?

Il existe de nombreuses raisons pour lesquelles une personne peut se sentir émotionnellement vulnérable en amour. Cela signifie que lorsque vous vivez une rupture amoureuse ou une déception, vous souffrez davantage. Voici quelques-unes des principales causes de cette situation :

> **Dépendance affective.** La dépendance affective est un phénomène courant chez certaines personnes, qui se créent des liens émotionnels intenses avec leur partenaire. Cette dépendance peut être considérée comme une forme de dépendance où la personne se sent comme si elle ne pouvait pas être heureuse ou que sa vie n'aurait pas de sens sans l'autre personne. Cela peut

205

entraîner des fluctuations émotionnelles constantes, dépendantes des actions ou des attitudes de l'autre personne.

➢ **Se concentrer sur le passé ou l'avenir.** La dépendance affective est un phénomène courant chez certaines personnes, qui se créent des liens émotionnels intenses avec leur partenaire. Cette dépendance peut être considérée comme une forme de dépendance où la personne se sent comme si elle ne pouvait pas être heureuse ou que sa vie n'aurait pas de sens sans l'autre personne. Cela peut entraîner des fluctuations émotionnelles constantes, dépendantes des actions ou des attitudes de l'autre personne.

➢ **Sensibilité.** La sensibilité émotionnelle est également un facteur qui peut rendre les personnes plus vulnérables aux problèmes émotionnels, en particulier en amour. Ces personnes sont facilement affectées par les situations de la vie, même celles qui ne sont pas nécessairement difficiles, ce qui peut entraîner des émotions négatives.

➢ **Faible estime de soi**. La sensibilité émotionnelle est également un facteur qui peut rendre les personnes plus vulnérables aux problèmes émotionnels, en particulier en amour. Ces personnes sont facilement affectées par les situations de la vie, même celles qui ne sont pas nécessairement difficiles, ce qui peut entraîner des émotions négatives.

➢ **Ne pas avoir vécu des situations difficiles dans le passé**. Enfin, les personnes qui n'ont pas été confrontées à des situations difficiles dans leur passé peuvent également se sentir émotionnellement faibles. Cela est dû au fait qu'elles n'ont pas eu l'occasion de développer leur capacité à surmonter les obstacles et à se prouver à elles-mêmes qu'elles peuvent faire face aux difficultés.

Conseils pour devenir émotionnellement plus fort en amour.

Voici quelques conseils qui, si vous les mettez en pratique de façon continue, vous constaterez au fil du temps une plus grande stabilité émotionnelle, ce qui vous permettra de vous sentir plus fort en amour.

- ✓ **Concentrez-vous sur le présent.** Il est important de cesser de laisser votre esprit vagabonder sur le passé ou sur l'avenir qui n'est pas encore arrivé. En vous concentrant sur le présent, vous éviterez les souffrances et les soucis inutiles, vous vous habituerez donc à percevoir la vie d'une manière différente et vous apprendrez à en profiter davantage.
- ✓ **Ne faites pas semblant de ne plus ressentir la douleur.** Être émotionnellement fort ne signifie pas que vous cesserez de ressentir de la douleur dans les situations difficiles de la vie. La douleur est inévitable et fait autant partie de la vie que la joie. Ne confondez donc pas être fort et ne pas avoir de sentiments. La personne forte sur le plan émotionnel souffre et se sent mal à certains moments, mais elle est également convaincue qu'elle pourra surmonter toutes les situations.
- ✓ **Soyez une personne indépendante.** Ne dépendez pas de votre partenaire ou d'autres personnes pour vous sentir bien dans votre peau. Essayez d'être indépendant dans tous les domaines et réalisez que vous n'avez pas besoin de quelqu'un d'autre pour avancer. Une chose que vous pouvez faire pour favoriser votre indépendance affective est de ne pas arrêter de faire les choses que vous voulez faire pour faire plaisir ou pour être avec quelqu'un

d'autre. Ne perdez pas votre essence et partagez avec les autres, mais ne dépendez pas d'eux.

- ✓ **Prendre des décisions sans culpabiliser**, c'est prendre sa vie en main. Faire ce que vous aimez sans demander continuellement conseil aux autres est la première étape. Vous vous rendrez compte que vous pouvez prendre des décisions par vous-même et que vous n'avez pas besoin de justifier ou d'expliquer ces décisions à d'autres personnes. Vous seul vous connaissez et savez pourquoi vous agissez comme vous agissez. Toujours suivre les conseils des autres et s'attendre à ce que les choses se passent bien, c'est comme être une marionnette dont les fils ne cessent de s'allonger, de se multiplier et de s'emmêler de plus en plus. Coupez ces cordes et commencez à jouer vous-même le rôle principal dans votre vie. Vous n'avez besoin de personne pour vous diriger.
- ✓ **Reconnaissez votre valeur en tant que personne**. Ne donnez pas plus d'importance à une autre personne qu'à vous-même. Reconnaissez que vous êtes une personne de valeur et concentrez-vous sur vous-même et sur ce qui est le mieux pour vous. Si vous avez l'impression qu'il est difficile d'améliorer votre estime de soi, rappelez-vous que vous pouvez toujours vous tourner vers un professionnel pour vous aider à y parvenir.
- ✓ **Ne perdez pas de vue vos buts et objectifs personnels.** Il est très important de définir vos buts et objectifs personnels à court et à long terme et d'être sur la bonne voie pour les atteindre. Souvent, lorsqu'on s'engage dans une relation, les gens ont tendance à oublier leurs objectifs personnels pour se concentrer uniquement sur les objectifs relationnels. C'est pourquoi, après avoir mis fin à une.

Apprenez à voir les échecs de l'amour comme des opportunités. Cessez de percevoir vos échecs en amour uniquement de manière négative. N'oubliez pas que, plus que des échecs, ce sont des expériences précieuses qui enrichissent votre vie, car à chaque fois, vous apprenez quelque chose de plus et vous pouvez grandir et vous développer davantage en tant que personne. Changez donc de perspective, apprenez de chaque expérience et profitez-en.

Si vous ressentez une injustice émotionnelle dans une situation, rappelez-vous les points suivants :

- ✓ N'appelez pas quelqu'un qui ne vous appelle pas ou qui ne répond pas à vos appels.
- ✓ N'allez pas chercher quelqu'un qui ne vous manque pas.
- ✓ Ne manquez pas quelqu'un qui ne vous cherche pas. Ne lui écrivez pas.
- ✓ Ne vous soumettez pas à la punition de l'indifférence que dégagent les messages ignorés ou les silences infondés.
- ✓ N'attendez pas quelqu'un qui ne vous attend pas ; appréciez-vous et cessez de mendier et d'implorer l'amour. Car l'amour, comme nous l'avons dit, doit être montré et ressenti, mais nous ne devons jamais le mendier. Votre amour devrait être pour ceux qui vous aiment et qui vous comprennent sans vous juger.

Et surtout, n'oubliez pas combien il est précieux de sourire, de vous aimer et de vous estimer pour ce que vous êtes et non pour ce que quelqu'un qui ne vous mérite même pas vous fait croire. Aimez-vous vraiment et comprenez que si quelqu'un vous néglige, cela ne signifie pas que vous ne devez pas faire tout ce qui est en votre pouvoir pour vous entourer des personnes que vous voulez dans votre vie.

Conclusion :

En conclusion, ce livre a mis en lumière les clés pour sortir de la souffrance de la rupture amoureuse et vaincre la dépendance affective. Les conseils pratiques offerts dans les pages de ce livre peuvent aider les lecteurs à surmonter leur douleur et à retrouver leur liberté émotionnelle.

Il est important de se rappeler que la guérison prend du temps et que chacun a son propre rythme. Il est également important de se rappeler que le pouvoir de surmonter cette douleur réside en nous-mêmes. Nous avons tous la capacité de tourner la page et de continuer à avancer.

Il est important de ne pas se juger trop durement et d'être patient avec soi-même. Il est également important de se rappeler que nous ne sommes pas seuls dans cette épreuve. Il y a de nombreux professionnels et amis qui peuvent nous aider à traverser cette période difficile.

Enfin, nous aimerions remercier chaleureusement nos lecteurs pour leur temps et leur attention. Nous espérons que ce livre vous a aidé à trouver la paix et le bonheur que vous méritez. Nous vous souhaitons de tourner la page de votre ex et de retrouver votre liberté émotionnelle. Nous vous souhaitons tout le bonheur du monde.

Merci et bonne chance.

Printed in France by Amazon
Brétigny-sur-Orge, FR

13956221R00118